周迅 画

何多苓　画

高为杰80寿辰庆贺纪念雅集

智者、严师、乐人、挚友

高平　贾达群　沈纳蔺　编

西南师范大学出版社

图书在版编目（CIP）数据

智者、严师、乐人、挚友：高为杰80寿辰庆贺纪念雅集/高平，贾达群，沈纳蔺编．—重庆：西南师范大学出版社，2018.5

（音乐学术专著）

ISBN 978-7-5621-9341-8

Ⅰ．①智… Ⅱ．①高… ②贾… ③沈… Ⅲ．①高为杰－纪念文集 Ⅳ．①K825.76-53

中国版本图书馆CIP数据核字（2018）第084473号

智者、严师、乐人、挚友

高为杰80寿辰庆贺纪念雅集

ZHIZHE YANSHI YUEREN ZHIYOU
GAOWEIJIE 80 SHOUCHEN QINGHE JINIAN YAJI

高平 贾达群 沈纳蔺 编

选题策划：周 松 王 菱
责任编辑：王 菱 王英杰
装帧设计：观止堂_未 氓
出版发行：西南师范大学出版社
地址：重庆市北碚区天生路2号
电话：023-68254353
邮编：400715
网址：www.xscbs.com
印 刷：安徽新华印刷股份有限公司
幅面尺寸：160mm × 240mm
印 张：13.5
字 数：280千字
版 次：2018年5月第1版
印 次：2018年5月第1次
书 号：ISBN 978-7-5621-9341-8
定 价：88.00元

序

2017年夏，我决定为我父亲高为杰先生2018年八十岁寿辰做点儿什么。这个想法后来变成了这本文集：《智者、严师、乐人、挚友——高为杰80寿辰庆贺纪念雅集》。

念想初始，我立刻与上海贾达群先生和杭州沈纳蔺先生电话商议。两位都是高先生过去特别亲近的学生，多年来一直和他有着密切联系。我的想法得到了他们认同和支持，邀约撰文并联系出版事宜便一路展开。文集标题为老贾所拟，我以为对文集内容有恰当概括。

做这样一本文集，当然因为高为杰先生是我父亲。老人家80寿辰，给他一份礼物，表我敬意，表我谢意。

但原因又远不限于此。父亲于我，亦师亦友，还另有一番同道中人的知己、知音般的交情。我想这种多面的亲情未必是天下父子关系都有的常态吧，故而很珍贵。

这本文集的谋划，除情感因素外，更大程度是从一个同行的视角来思考的。不然，意义或显不足，动力也缺少支撑。我希望敬重他的朋友们通过撰文、作曲、绘画、提供照片等多种方式回忆高先生轶事，对他的学术成就作出评论，既呈现一位作为作曲家、学者、导师的学术上的高为杰，也呈现一位作为友人、同仁、家人的生活中的高为杰。

从另一方面来看，这部庆生文集同时也是一份珍贵的资料，记录中国当代音乐发展历程中的人和事，侧映时代变迁的轨迹，或许对今人及后人有借鉴参考之用，也未可知。

承蒙各位老师、朋友的真诚奉献，这本文集才有了它现在丰富多彩的内容：四十余篇贺词和文章、三首音乐作品、五幅绘画、大量的照片。

撰稿者的身份以及与父亲的关系各式各样，幅度颇阔，上至父亲的老师、前辈，下至毕业未久的学生，还有相当部分则是与他志同道合多年的同事。

在阅读校稿过程中，自然而然的亲切感不必说，而一种有趣的陌生感也伴之而来。好像从字里行间走出一个我并不那么熟悉的人，我看到了另一位高为杰。借他人视角看你熟悉的人是如此奇妙！

其中有些文章娓娓叙旧，吐露真情，让人感动，如黄虎威先生的《回忆与祝愿》。黄先生是父亲老师辈，而他们之间那种惺惺相惜、清纯如水的君子之交令人仰止。黄先生行文淡朴，而句句入心，读之不觉眼眶湿润。

与这类深交久友对映成趣的，是父亲一些不期而遇的“奇缘”。伊朗作曲家胡夏尔·哈扬先生——2001 年父亲在美国辛辛那提大学音乐学院做客席教授期间仅授课一学期的学生，成都文创企业家鲁晓东先生——80 年代因一次四川大学音乐普及讲座而与父亲结缘，他们都讲出了颇可玩味的故事。

三首音乐作品也饶有兴味。伊朗的哈扬先生题献大提琴与钢琴《花园》一曲；瑞士音乐家马尔库斯·布鲁尼曼先生则将高先生名字字母换为音符嵌入长笛独奏的乐句中；而作曲家赵曦先生更是别出心裁，他用高先生多部作品中的素材拼贴堆叠出一首钢琴《散曲》。

文集的排序采取极简式，即以文章长度递增呈现。老实说，这是“偷懒”。但这一来，倒“偷”来几个好处：（1）设计者可施其巧法，赋予版面视觉的别致美感；（2）文集因此有一种清明的秩序感，甚至仪式感；（3）篇章由简至繁、自浅向深，使文集煞尾于最高旷之处，供读者体验叙述渐深渐强的推移过程，想必也带来某种认知和感受的升腾感。这些都是意外的收获。

这本文集得以出版，要感谢所有参与的作者，他们在百忙之中抽出时间表达对父亲的敬意，文中不仅有人情暖意，还洋溢着追求音乐、向往艺术的热情，我想读者朋友们一定会有清晰的体会。文集的整体策划也离不开贾达群先生和沈纳蔺先生，特此感谢。何多苓先生等几位画家提供的高先生肖像在众多照片以外又锦上添花，让我们看到了艺术家笔下的老爷子，在此鸣谢。文集在初步设想阶段，我就和西南师范大学出版社的王菱女士交流，希望得到出版社的支持。在这近一年的时间里，我和王女士有过无数次电话、邮件的联系，她对本文集付出大量精力与时间，在此也要特别感谢她！

高平

序

目录 CONTENTS

朱可染　画

向高为杰致敬

祝愿这个日子将来无数次地返回，

高为杰！

带着最美好的祝福！

Markus Bröennimann 马尔库斯 · 布鲁尼曼

长笛演奏家、作曲家
卢森堡交响乐团首席长笛家、瑞士金字塔室内乐团创始者

翻译 / 高平

Hommage à Gao Weijie

for flute alone

Markus Brönnimann (January 2018)

Many happy returns of the day, Gao Weijie!

With my very best wishes,

Markus Brönnimann

贺高先生八十寿辰

黑发积霜织日月，

音符绵长写春秋。

雪鬓霜髯今犹在，

白首之心壮志存。

莫道桑榆晚，

为霞尚满天。

杨晓忠

作曲家

四川音乐学院教授、作曲系主任

左起：高为杰、澳大利亚音乐中心主席约翰·戴维、杨晓忠

向高老师致敬

高为杰老师无论是
作为作曲家，
教育家，
还是音乐理论家，
他所取得的成就都令后辈们敬仰，
向高老师致敬！！！

左起：秦文琛、李心草、高为杰、黄梅在新西兰中国大使馆（2007）

秦文琛

作曲家
中央音乐学院副院长

高师为杰

——彭志敏写给高为杰教授八十寿辰

依醉心梦想离沪，

为音乐人生入川，

学业甫毕即人师，

小青年时岁未及而立，

有等身著作传世，

凭桃李天下扬名，

功德圆满迎木寿，

老帅哥吉相哪有八十。

彭志敏

作曲家、音乐理论家

武汉音乐学院原院长

贺高为杰先生 80 大寿即兴而作

“文革”曾经遭磨难	离别川音到中院
练就品格如钢坚	著书立说执教鞭
学子时代苦勤读	弟子扬名海内外
攻破作曲重重关	瞿小松和何训田
佳作问世有夜宴	更有虎父无犬子
龙声华韵续新篇	高平儿郎来接班
喜与良琏成婚配	青出于蓝胜于蓝
天作之合好姻缘	誉满全球呈奇观

陈德成与高为杰

陈德成

毕业于四川音乐学院
现住香港，自由作曲家、诗人

剪影高为杰

我很感慨郭文景教授刚刚在微信里发的一张老照片及写下的一行字：

“……何训田、高为杰、郭文景、贾达群。……独狼愤青的岁月，我引以为豪。高为杰先生是我们围绕、崇拜的人！”

在迅速点赞之际，我想起了高为杰先生风度翩翩的剪影，我们如何才可以像高先生那样睿智与精彩呢？

左起：何训田、高为杰、郭文景和贾达群在高为杰家中（1984）

左起：陈强斌、金湘、安承弼、叶国辉与高为杰在法国

叶国辉

作曲家

上海音乐学院教授、作曲系主任

SHARP-777-Radio-Recorder

记得是 1985 年左右，高老师家添置了一件电器——夏普双卡收录音机（SHARP-777-Radio-Recorder），这在那个年代算是豪华电器产品了。它具有收音机和录音机的双重功能，两个磁带卡座可以相互对录，还可以将广播播放的音乐录在磁带上。那个时候学院图书馆音响室资料比较缺乏，大多数是古典时期到浪漫主义时期的音响资料，先锋派的音响资料很少见到。那时，我们主科专业都是在高老师家里上，高老师根据我们写作的兴趣方向选出相应的音响资料，对着乐谱通过 SHARP-777-Radio-Recorder 现场播放相应的作曲家作品，分析讲解，并指出其中“过筋过脉”（四川方言，“精益求精”的意思）的要点，每次上完专业课都让人热血沸腾。

当时，我们给 SHARP-777-Radio-Recorder 取了个俗名叫“三七”。有一天，我去商场买了两盒（20 盘）TDK 磁带请高老师帮我翻录雷斯比吉的《三罗马》，后来高老师在“三七”上给我翻录了 20 盘各个时期的音乐（现在回想起不可思议），其中除了斯特拉文斯基、巴托克、肖斯塔科维奇等外，居然还有里盖蒂、贝尔格、贝里奥、勋伯格等当时先锋派作曲家的作品，

昌英中与高为杰

甚至包括日本作曲家黛敏郎、矢代秋雄的代表作。与当时国内同时代其他人相比，高老师音乐观念之深度、广度让人叹为观止！虽然以我当时的水平远远消化不掉高老师给予我的音乐灌输，但那种“隐形的学习”和“隐形的意识”使我在从事作曲主科教学后受益匪浅。感谢我的恩师高为杰先生！也要感谢先生的“SHARP-777-Radio-Recorder”。

昌英中

作曲家
四川音乐学院教授

谢谢您，高老师

耐心以及慷慨——这是我一想到高为杰老师的时候就会跃入脑海的两个词。

第一次来中国是在我二十岁的那年，当时的计划是跟随高老师学习六个月，然而这六个月最终却变成了一年。三年后的现在，因为高老师，我又回到了北京。

我在大二的时候开始对中国以及中国音乐产生兴趣。当时我在辛辛那提大学音乐学院跟随 Joel Hoffman 教授学习。我记得在当时，他对我提及：在中国有一位很特别的作曲家，他是全世界最好的老师之一。

随后 Hoffman 教授将我引荐给了高老师，高老师便热情地欢迎我去跟他学习作曲。我是幸运的，跟随高老师学习的时间大概是我人生中最幸福的时光。

我们在上课的时候不仅仅讨论作曲技法，更多的时候我们讨论的是深层次的哲学问题。高老师不仅仅是一位作曲家，他更是一位严谨的学者，他对中国以及西方现代音乐的了解无人能及。

他从不纸上谈兵，而是通过实际的例子教导我。他大方地借给我他的乐谱、书籍以及音像资料，同时他也从未间断地鼓励我根据自己的喜好去找到属于我自己的声音。在我们上课的很多时候，最重要的教导都不是通过语言传达的。高老师有时候会长时间逐行看我的谱子并不停地吸烟，仅仅在需要的时候给我评论。同时他从未因为我们之

瑞秋与高为杰

间的审美差异而去主宰作品的方向。通过他，我的音乐实现了在统一中求变化，与此同时也学会了在跟随直觉的时候有所控制。

高老师一直是一位非常慷慨的老师。他与我们分享他对音乐的热情，真心希望我们能够争气。同时，通过高老师，我也收获了很多同门之间的友情。

每一次我去看他或者去上课，他都会为我倒杯茶，这就是我们每次探讨音乐、探讨人生的开始。每一次我摊开谱纸准备作曲的时候，他的智慧都指引着我、鼓励着我。谢谢您，高老师。

Rachel C. Walker　瑞秋

美国青年作曲家
曾就读于美国辛辛那提大学音乐学院、中国音乐学院
现为清华大学苏世民书院学者

致敬高为杰

2001 年，我离开我的家乡德黑兰去西方追求我的音乐梦。到达美国辛辛那提大学音乐学院不到几周，我第一次见到了高为杰教授。他选择去我前往求学的那个特定学校和特定学期授课，这是纯粹而幸运的机缘巧合。我当时想，我梦想的音乐必定在另一位东方音乐家的掌中与心中。我想得多么正确啊！

我有幸成为高为杰教授的作曲课堂为数不多的几位学生之一。据我所知，我是唯一来自所谓“东方”的学生。

我们短暂而充实的课程在我作为音乐家、作曲家甚至作为一个人的整个生涯中留下了不灭的印迹。

高为杰教授英文口语有限，客观条件使我感到交流手段的匮乏。但让我惊讶的是，我的疑虑被证明完全多余！事实上，我们之间有着非常便捷的交流方式——通过音乐的对话……

他懂得我的音乐梦，他理解我的每一小节、每个和弦里最重要的支柱在哪里。在课堂上，有时他为我的音乐所感动，由于情绪与思想的激动，他会用汉语与我继续交谈，而我则用波斯语回复。然而，我们互相理解。在这样的互动沟通中，我受益匪浅。

多年以后，在我旅居耶烈万（亚美尼亚）的一年，我遇到蒂歌朗·曼苏利安大师（Tigran Mansurian）并再一次经历相似的深度交流，超越语言的交流……那年，我写出的钢琴协奏曲《梦未了》（2012）即基于我对高为杰和曼苏利安两位大师的回想。这部作品给我带来了伊丽莎白女皇国际作曲比赛大奖。作品是对来自亚美尼亚和中国的两位作曲家的献礼，两位东方的作曲家，超越地域和国界，两位哲思者、思想者，超越疆界的世界公民。

从这两位杰出者那里，我领悟了重要的一课：世上生不出离开根与土的树。我后来回到家乡，一部分原因来自年轻时跟随高为杰教授的短暂学习。我有幸返乡归根，一定程度上要感谢那个学期的学习。

高为杰教授始终留存于我思想与精神中。他对我的影响远远大于一个普通教师。他是一名引路人，一名照明者，一位导师。

Hooshyar Khayam　胡夏尔·哈扬

作曲家、钢琴家
伊朗德黑兰大学教授

翻译 / 高平

《花园》

胡夏尔·哈扬致敬高为杰音乐作品

为大提琴与钢琴而作，写于 2014 年，修订于 2017 年

演奏提示：

－钢琴的菱形音符为拨弦音。用指甲在琴内拨奏。

－止音（＋）需用一只手按弦，另一只手弹奏键盘。

－括号内的音符是“随机音”。它们可按演奏者选择的速度时值随机演奏。

《花园》作于2014年。同年，这首乐曲由大提琴家恩贯·莱赫纳尔和钢琴家阿图尔·阿瓦涅索夫在德黑兰赫尔默斯唱片公司的系列音乐会上首演。翌年，恩贯·莱赫纳尔与作曲家本人又在同一音乐会系列中续演。

作品描绘了波斯花园中一次清晨漫步。

封面艺术为伊朗当代书法大师穆罕默德·艾萨依先生作品，并由帕里尤西·甘吉和马索得·哈扬收藏。

穆罕默德·艾萨依先生为高为杰先生庆贺文集的出版特别授权使用。

总谱

时长：约5分钟

tribute to Gao Weijie

Garden

(for cello and piano)

Hooshyar Khayam
2014, rev. 2017

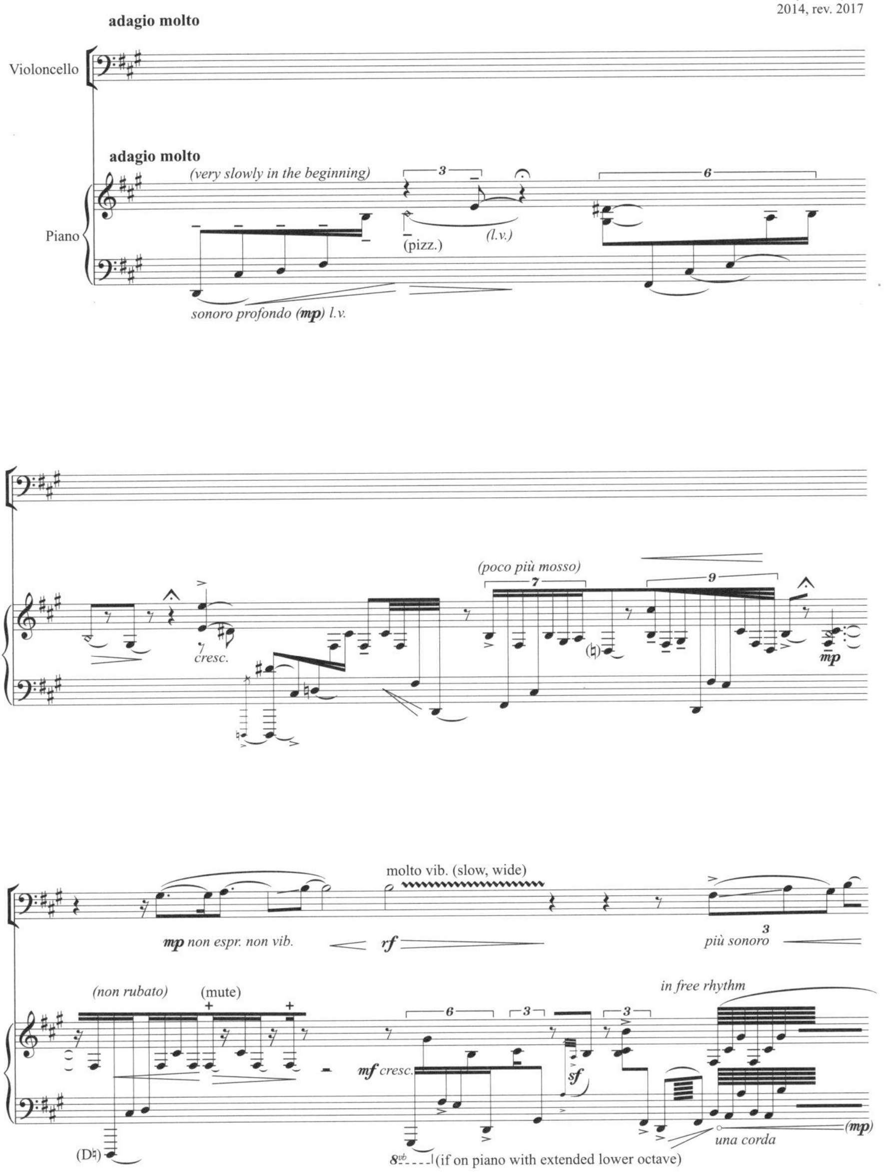

(un peu retenu)
meno mosso (Tempo I), molto cantabile
dim.
(D♮)
il più rapido poss.
(III)
poco cresc.
(dolce)
(gliss. on strings)
(B♮)
(rubato agitato)
molto espr.
il più rapido poss.
il più rapido poss.
(feroce)
(soutenu)
in free rhythm
(mute)
(hit the pedal)

(furio)
f
ff secco
(lunga)
(harm. sound)
(D♮)
meno mosso, poco a poco calmando
(no rush)
mf
(port.)
(poco)
fp
meno mosso, poco a poco calmando
mp una corda
(lyrico)
(mute)
en dehors
(pizz.)
poco sf
(or mute)
mf
(Jeté)
p
mf
(♮)
(mp)
(mute)
(m.g.)
(D♮)

più mosso e agitato
cresc.
più mosso e agitato
poco sf
Ossia:
il più rapido poss.
cresc.
il più rapido poss.
cresc.
f espr.
(ped.II
pizz. gliss)
(ped.I)
(C♯)
(mute)
(furio)
(unsynchronized hands, freely)
(harm. sound)
(no rush)
p flautando
(port.)
(poco)
poco sf
(hit softly on one of low strings)

Duration: ca. 5'

高先生80寿辰纪念短文

能够成为高先生的学生，是一件十分幸运的事。这份幸运体现在许多方面，无论是赏析各个风格时期作曲家的经典名作，还是著名作曲家们的神来之笔；无论是独到地剖析大师们的奇思妙想，还是神采飞扬地为学生讲述自己的创作过程；无论是在学生前途渺茫时的指引，还是取得成绩后的欢喜鼓励。我作为高先生的一名学生，得到了太多的指导。

那是在2003年的秋天，正在读高三的我来到了中国音乐学院准备报考作曲系。虽然我从小就喜爱钻研各类作曲技术理论，但从普通高中来到音乐学院，需要学习与准备的东西依然很多，压力非常大。那个时候因没有引荐，我并没有机会上高先生的课。但住在学校附近的我却有多次机会碰见他，他每次都穿着深色休闲的西装，茶色的眼镜与“山羊”胡须是他最明显的特征，高高的身影从过往的人群中迎面走来，我的脑中便浮现出一个“帅”字。只可惜当时内向与羞涩的我没有足够的勇气上前与高先生问候，但是几次碰面以后高先生似乎注意到了我，我们常面带微笑地点头示意。

入学后，我与同班的其他四名学生一起加入了“高家班”。对于我来说，在大学的时光里，每周最期盼与开心的事情就是能到高先生家里上课。印象中，高先生的家就是一座权威音乐图书馆，你所能想到的音乐在这里都可以找得到。而高先生就像是一本“活字典”，总能找出在你现在的学习中所需要的乐

王梓与高为杰

谱和音响，并能解读这些作品。还记得高先生有一个小记事本，它以特殊的记录方式记录了所有资料的摆放位置，但我至今也没搞清楚那么复杂与庞大的资料是如何记在那个小本子上的。总之，在你需要这部作品的时候高先生能飞快地在“藏书库”中找到它们。

如今，我已经毕业多年。高先生在我的专业方向、读研究生、读博士、工作以及留学等多方面都给予了重要并且正确的建议。可以说高先生是我的人生导师，对于我的成长与发展起到了举足轻重的作用。感谢高先生多年来对我的教导与帮助！在高先生80寿辰之际，我祝愿高先生身体健康，日月昌明！同时也祝罗老师身体健康，万事如意！

王梓

指挥家、天津音乐学院讲师、天津交响乐团客席指挥
中国音乐学院作曲系2004级学生

致高先生

我与高先生相识已几十年，现在我在广州工作，见面机会少一些，但仍然保持联系。

高先生是我国当代最优秀的作曲家、音乐理论家、音乐教育家之一，是20世纪30年代出生的作曲家的代表人物和杰出榜样，在国内外有重大的影响。高先生的这80年非常不容易，经过他几十年不懈的艰苦的努力，取得了重大的成就。我认为，在中国当代音乐史上，黄自、贺绿汀、冼星海、马思聪、丁善德是20世纪初期作曲家的代表人物，朱践耳、罗忠镕、杜鸣心是20世纪20年代作曲家的代表人物，高先生和王西麟、金湘是20世纪30年代作曲家的代表人物。

我1965年在上海音乐学院作曲系毕业后，先在成都工作了18年，1983年才调到广州星海音乐学院作曲系工作。在成都时期我主要在四川省川剧院工作，在这个阶段接触和认识了四川音乐学院的一些老师、专家，其中，和高先生的友谊一直保持至今，还结识了黄虎威、谢正南、俞抒、姚允文、解君凯、李晓玲、敖昌群、宋名筑等老师、专家。

每次和高先生见面，只谈音乐不谈其他。高先生对现代音乐在技法、美学观念、创作个性方面的研究非常深入，对我有很大的启迪。有一次，他谈到福特的集合体系时用类似钟表的图形阐述，非常生动。

我由于在戏曲单位工作，没有总谱资料，高先生通过四川音乐学院图书馆，借了一些总谱转借给我研读，对我帮助很大。其中，雷斯皮基的《罗马的松树》，由于我特别喜欢其音乐和配器，我用许多天全部手抄了一遍。但遗憾的是，普罗科菲耶夫《第七交响曲》的总谱丢失了，在此再次表示歉意。

高先生调到中国音乐学院工作后，我去北京不多，也去了几次高先生家，拜访他和罗教授，仍然交谈一些中外现代音乐问题。

高平也见过几次，他现在已成为非常优秀的作曲家和教授。罗教授是中国音乐学院著名的声乐教育家。他们是个非常幸福的音乐家庭，他们为中国音乐事业作出了重大的贡献。

在高先生八十寿辰之际，祝愿您像以往的朱践耳先生那样，继续在作曲、音乐理论、教学等领域作出重大贡献。

祝贺高先生！向高先生学习！

曹光平

作曲家　星海音乐学院教授

慈父伯乐
——记高为杰先生

作为中国当代杰出的作曲家，高为杰先生不仅创作了大量已获得业界肯定的优秀作品，还培养了许多优秀的作曲家。高先生的德高望重、砥砺德行，无须赘述，相信大家也早已深有体会。我还在做学生时，就常常拜读高先生的作品，仰慕不已，后来有幸拜先生为师，成为忘年之交，并在数年前经高、罗两位老师推荐加入紫禁城室内乐团，由此结识了志同道合的朋友，一起合作创造，是我非常宝贵的经历。为此，我由衷地感谢高老师和罗老师对我的提携与帮助。

因为工作的关系，我与高先生见面的次数不算多，但都给我留下了非常深刻的印象。记得有一次赴京排练期间，我去拜访高老师，在饭余闲聊到中西方音乐时，高老师问及我钟爱的曲目有哪些。我以为高老师只是随口一问，谁知第二天一大早，高老师就给我打电话，让我去他家拿已经编配好的乐队谱，真是令我又惊又

左起：高为杰、罗良琏、肖玛

喜。这些乐队谱是高老师把西方高男高音声乐作品按照紫禁城室内乐团的编制重新改编配器的。根据后来出访的反响来看，这若干首改编自柯达伊、亨德尔、肖邦、德沃夏克等名家的作品不但非常适合我的声部演唱，新的配器也获得了国内外听众们的高度认可。后来高老师又为乐团出访新西兰国际音乐节特意创作了室内乐声乐套曲《元曲小唱（三首）》，当时高老师身体抱恙却坚持创作，他的敬业精神令我感动和钦佩。

还记得2016年时，我在贵阳举办独唱音乐会，这场音乐会一波三折，因为一些原因曾一度面临取消。也正是在这一段时间里，高老师和罗老师给予我莫大的支持，不仅为我的音乐会创作了新的

肖玛与高为杰在四川音乐学院《元曲小唱（三首）》签售会上（2015）

作品，更是特地从北京飞到贵阳为我助阵，两位老师雪中送炭的温暖，我会终生铭记于心。

时光如梭，不经意间和高老师、罗老师相识已将二十年，虽然不能常常相见，但只要相见便是欢聚。和二老坐在一起，我们就像是一家人一样，唠唠家常，小酌几杯，当年的师生早已变成了朋友甚至亲人。在高老师、罗老师八十寿辰之际，仅以此拙文为两位先生贺寿，愿二老幸福快乐、健康长寿！

肖玛

高男高音歌唱家
国家一级演员
贵州师范大学音乐学院副教授

由理科入艺，辗转京沪蜀，痴迷音乐六十载，立现代音乐潮头，创韶乐作思蜀，融贯古今中西，才情并驻站三尺讲台，桃李满天下，春风化雨八十秋，看春斗甘当红烛，做慈父为伯乐，巧雕璞石美玉，润物无声。

祝词

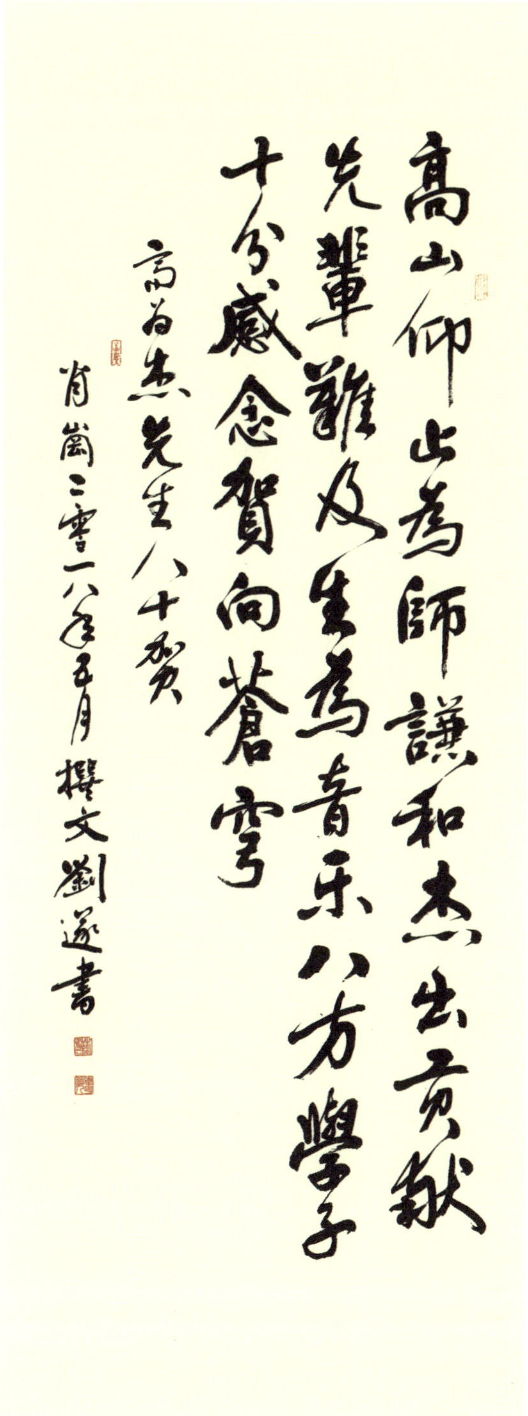

肖岗
四川音乐学院作曲教授
刘遂
四川书法家

印象高为杰
——关于“微量”信息

我与高为杰结识逾三十载，在一生中能与这样的人相遇，真是幸运！高为杰与我亦师亦友，他对于真理的追求、对于知识的向往、对于人生的彻悟，令我感服。

高为杰知识渊博、目光犀利。最令人感觉奇特的是，凡构思独特、脉络复杂的现当代作品到他手中，经他略略研读一番，随即便可指出作曲家在此作品中的创作要件、技法精髓、衍展脉络等，一一娓娓道来，令人称奇。这种学术功力从何而来？！使人不得不细细思量。

高为杰常与我说到一个词语：“微量”信息。高为杰的研究道路十分宽阔，“微量”信息应是他分析、解读作品的一条独特通道。在他宽厚的知识体系中，通过对“微量”信息的猜想、悟得、归纳并据此认知、提炼作曲家的创作精华有着独特而重要的作用。聆听一张唱片，他可以在作曲家寥寥几笔的简介说明中通过“微量”信息的传递，捕捉作曲家创作基本要义，进而展开延伸阐释，达到有高度的理论概括，这实在是一番了不得的功夫。何谓“微量”信息？如何捕捉并激发更广阔的思索？这里有一实例：

这是高为杰 2005 年与我的一件信札，关于丹麦作曲家 Per Norgard（b.1932）“无限音列”技法的创作研究。高为杰通过唱片说明书中的“微量”信息，对于“无限音列”技法展开猜想，进行条分缕析的推理与论述，阐释了它与“极简主义”“Phase

Norgard 的无限音列（infinity row）技法颇有趣。我根据唱片说明书中的“微量”信息本要义。其实也并不太复杂。其基本思路来自卡农与隐伏复调这两个概念，即：以一2 个不同音高的音构成）中每一个发音点（attack point）作为卡农进入的起始点来构建比例必须为等比级数关系。需注意的是，与初始动机第一个发音点同时开始的最小扩应以此扩大卡农第一个音的长度等于或大于初始动机总时值的长度来确定。这一最小大的卡农的比值即按等比级数递增。按照此原则，延伸的无限音列中任何一个发音点高的音的重叠），再将这些卡农声部按隐伏复调原则归并到一个 Line 中，其延伸将是限音列。而且延伸过程中的任何一个音都会成为一个卡农的起始点，因而隐伏卡农声由此而构成的无限音列，不但其延伸是无限的，而且是一个层次分明、井然有序的开是开放结构，是因为它的延伸是永无尽头的；同时，其结构的生成在操作上虽需要设的构建一旦启动，无限音列中的任何一个发音点都可作为起始点，亦即从理论上讲，不确定的，且也可以逆向作无限延伸（以初始音为中心点向“左”逆行即可），从而又点。因而无限音列的结构是真正无始无终，无限开放的。

无限音列在总体上不可能构成传统的调性结构。如果初始动机是调性的，其延伸部的（因为系由不同调性的卡农叠合而成）；如果初始动机是无调性的，其延伸部分也必动机中音程涵量的选择对延伸音列将会包含的音程涵量有决定性作用。初始动机中的位 11）或 5（转位 7）音程，延伸的无限音列中 12 音就可能出齐；如只含 2（10）或其结果就只能在全音阶的 6 个音中转；如只含 3（9）或 3 与它的倍数音程，结果就永音中转；如只含 4（8）或 4 与它的倍数音程，延伸音列就只出现增三和弦的三个音；全音音程的两个音，则延伸音列也永远只在这两个音中反复。另外需特别指出的是，个音（不论为何种音程）时，以第一个音为起始点上构建的最小扩大卡农取原型，而上构建的最小扩大卡农取倒影，则形成的无限音列将永远只在这两个音上转。当然这构就是卡农的构建，虽选择原型或倒影皆可，但若全部都是原型，则其延伸就不可避模进，甚为无趣。

无限音列的妙趣在于初始动机与无限延伸之间的统一与变化关系（万变不离其宗方法来作曲，其实也是一种“极简主义”(minimalism),因为音列的无限延伸完全是建动机材料的基础上的。从美学意义来看，它的“无限”恰恰是生发于极简约的“有限动机一旦确立并选择好最初的某种卡农形式（原型或倒影）后，无限延伸的部分实际律自动生成，不再以作曲家的意志为转移。

无限音列技术与 phase（相位）技术有一定关联，因为无限音列中实际上包含了同合。所不同的是，phase 技术中不同速度的比值是自由选择的，因而也必定允许在同一高的音的重叠；而在无限音列中不同速度的比值必须为等比级数关系，且不允许在发的音的重叠。

虽然我从 CD 中已听过一些 Norgard 的含无限音列技术的作品，但由于我还没有看谱，因此尚不能深入了解他如何在作品中使用这种技术的种种方法与游戏规则。但可用对音的过滤或延留来获得他想要的旋律及和声，并用配器手法来构筑音响织体；更是无限音列的叠合使结构复杂化。甚或将这个 Row 通过多声部分化来构造 Fuga 或 Pa等也不是没有可能的。当然，无限音列与其他方法作多元（纵向或横向）结合肯定也

无限音列与 Schooenberg 的 12 音序列可以说没有什么关系，因此将它译成无限音以避免混淆。不过，无限音列的初始动机本身若是一个 12 音

高为杰于 2005 年写给杨青的信

12 音序列截段（大多为 48 种“魔方”中所无），因而也不失为发展 12 音序列技术的一

（高为杰

附记——一个带有哲理思辨意味的荒诞联想是：如果把无限音列比作人生历程，那么初始动机就像是人的生辰八字规定而身不由己，无限音列岂不也是如此？因此，无限音列真的颇有些宿命的意味呢！

杨青与高为杰

（相位）技术”的有机关联，进而讨论了它与十二音序列的结合可能。附记中“一个带有哲理思辨意味的荒诞联想”最为精彩，把技法研究与人生轨迹结合与一起，在人文的高度理解作曲家、理解音乐、理解技法，彰显“乐外之意”。通过这样一件实例，依稀可见高为杰的学术思想进程：一道“微量”信息闪电，激发了他无尽的想象，带来翔实的推理论证，产生丰厚的学术含量。

对于“微量”信息的猜想、思索、推理、展衍、放大，并提升至人文的高度加以抒写，显示了高为杰的智慧之光。高为杰学术思想的精彩，正是由于他对音乐、对艺术的酷爱，对真理的终极追求。他知识体系的宽广，使得他的研究成果个性凸显、独树一帜。他的研究途径、方法与成果对于中国音乐创作与理论建设产生了独特的影响，应将在历史上留下厚重的一笔。

杨青

作曲家、首都师范大学音乐学院原院长
中国音乐学院特聘教授

我儿时的伙伴高为杰

高为杰是我幼年时的好友、学长和邻居，关系甚为亲密。我们两家住在一个新式里弄中，且门对门，我家的阳台能看见他家的楼梯，所以能看到他背着书包下楼的情景。他长我三岁，我们的母亲是一对要好的姐妹，我从小就亲切地称他为杰哥，把他当作是自己的好哥们儿。

他在学校里一直品学兼优，在生活中待人彬彬有礼、斯文得体，长辈们都常夸他为好孩子。在我眼里，他是富有幽默感、具有超强想象力和表现力的人。记得幼年去他家玩耍时，他总有各种出人意料的表现。有时一个人坐在沙发上，突然手动脚动，嘴里还哼哼哈哈起来，问他做什么，他回答道，我在构思《超级马桶交响乐》呢，一席话引得我们这些对交响乐还懵懵懂懂的弟弟妹妹们哄堂大笑。有时他还会对着穿衣镜拿起一朵鲜花，舞动双手指挥起来，嘴里还哼起了歌曲“好一朵美丽的茉莉花”或者“玫瑰玫瑰我爱你”，让大家笑得上气不接下气。现在想来，音乐的种子那时就已经在他心里萌芽了。

不仅如此，他还多才多艺，爱好也是多方面的。记得他读初中时就带着我一起自装矿石收音机，结果他用几天工夫就装好了，而我却不了了之。杰哥还有一大爱好——摄影。受他的影响，我也是那时爱上了摄影。在上大学之前，他不但自己用照相机拍，还能自己冲洗、放大照片（那个时代只有黑白照）。为了冲印、放大，杰哥还自己动手用饼干箱制作了放大机，放出来的效果还很不错。

回忆起六十多年前，我对什么都感兴趣，杰哥告诉我一个秘密：在衡山路乌鲁木齐路口有一个国际礼拜堂，每周日做礼拜，里面用管风琴伴奏的《圣母颂》好听极了。我就瞒着家里偷偷地溜去教堂听唱诗班唱歌。或气势雄伟或悠扬庄重的乐曲感染了我，让我喜欢上了音乐。虽然不懂音乐，但音乐能让我舒缓情绪，有时还能激励斗志。是杰哥引领了我，让我有了一种情怀和爱好，知道了巴赫的《加沃特舞曲》，德沃夏克的《“自新大陆”交响曲》，贝多芬的《D 大调小提琴协奏曲》，我越来越喜欢收集各种欢快与轻松的舞曲，这成了我终身的爱好。

这些年来杰哥在教育事业上桃李满天下，在学术上别树一帜，不断创新。我在欣喜的同时也不断地追忆那过去了近七十年的童年、少年时期的友谊和情愫。

祝杰哥八十高寿在音乐事业上有更多、更好的建树，为我们谱写更美好的乐章。

黄季明

高为杰的妹夫

我唯一的作曲老师——高为杰先生

1977 年我 14 岁考入川音钢琴系，是当时年龄最小的本科学生（不知道这个纪录现在有没有被打破）。大学四年跟杨汉果老师和顾馨老师学习，毕业后由川音保送到中央音乐学院和上海音乐学院，先后跟周广仁先生和李名铎先生继续深造学习了三年，1985 年回到川音钢琴系任教。大约从这个时候开始，对高先生有了更多的了解，从听他的大班课，到最后成为他的一个旁门弟子。

那个时候的高先生已经是川音学子们心中灯塔式的人物，他丰富的学识、前卫的思维、优雅的风度，特别是上课生动风趣的表达能力，让大家都非常敬佩。20 世纪 80 年代是一个渴望知识的年代，记得那个时候高先生的作品分析课常常是一座难求，除了坐的，还有很多站着听课的学生。听众不只是作曲学生，而是荟萃了各路人马，音乐学院各系的学生和青年教师把课堂挤得满满的，完全是一种盛况。第一次听他的课，就颠覆了我以往对作曲理论课无聊刻板的印象。在高先生的口中，这些理论变得如此生动，活泼有趣，他把一个个分析的作品梳理透视得非常清晰。这些课对我当时和日后的教学、演奏都有相当的帮助，对作品结构脉络有了全新的认识。听了高先生几个月大课后我觉得还不过瘾，慢慢衍生出想做他作曲弟子的想法。我还记得那个忐忑不安的上午，在学校足球场边我拦住去上课的高先生，没有想到他欣然接受了我的请求。我总共可能跟高先生上过十次小课，每次都在他学校附近的家中。每次拿出拙作给他看都很紧张，不过这种紧张很快在他亲切的上海四川话和香烟的云雾缭绕中消失得无影无踪。记得在他的启发下，很多的可能恍若可以马上跃然纸上，春夏秋冬和风花雪月立马成为可能。每次去上课都很期待，感觉就是享受的时刻……有两次上课上得太长误了中午饭时间，不想罗老师已经准备好丰盛可口的饭菜，留下我这个不交学费还要蹭饭的学生。那是一个物资匮乏的年代，上完课还可以在老师家美餐一顿，简直是太美了。高先生、罗老师的职业精神和对学生的关爱，相信有很多受益于他们的学生都有和我相同的感受，他们的人格魅力对我们产生了深远的影响。

我想要成为作曲家的美梦因不久后的出国留学而夭折。回想起来，和高先生的十节作曲课是我年轻求学时代最美好的回忆。他是我仰慕的老师，我一生都感谢他。

在先生 80 寿辰之际，祝先生福如东海，寿比南山。

学生屈勇敬上。

左起：高平、高为杰与屈勇在新西兰（2005）

屈勇

钢琴家、钢琴教师

任教于新西兰奥克兰大学

我是他指缝间逃跑的种子

这是篇非学术性献词。不用说，在下是本书里唯一门外汉。但可以自豪地说，我是高先生聊可欣慰的、被音乐深深教化的普通群众中的一个标兵。

随小高教授高平，我唤高先生老爷子，又总觉得不妥帖，埋没在各个领域有威望、够辈分的老爷子间了，于是改口高老爷，为他在音乐族群的权威，献上我膝盖。33 年前的四川音乐学院作曲系主任高为杰正当精壮，瘦削俊朗，西装、秀郎镜，一如改革开放初知识分子之共相，只不过辨识度大不如今日的仙风道骨、谦和柔软，挥手间播下满天桃李。

1985 年的高为杰为大学生讲了一小时古典音乐作品赏析，不经意在我那个时间轴上点下一粒种，高平说，好吧，你也是我爸学生了。而重逢后的 2008—2018 长达十年间，高老爷每天在微博、微信上默默为一个小人物点赞、鼓励，让人看到的是一个朴素、真挚的伟大心灵。遑论专业建树，一代名师品格足以仰止。

收音机前长大的四川“60 后”熟悉高为杰。20 世纪 80 年代四川人民广播电台每周古典乐“十大系列”鉴赏，分类有交响曲、协奏曲、进行曲、圆舞曲、歌剧等，绵延数年。用现在

鲁晓东与高为杰

话说，幕后策划人、学术主持，高为杰。我是这档节目的忠粉，曾经逃课回家听。

这是高老爷的古典乐“三下乡”——下基层、下庶民、下蛮荒。其情怀理想，似乎已不满于学院墙内外的耕种面积，音乐教化的版图，在他无界。

作为杰出的作曲家，高老爷纵贯时代的个人能力令人惊叹，一边是给哈佛宣讲作曲动力学之类烧脑学术，一边是《蜀宫夜宴》及多年后的《元曲小唱（三首）》组曲，一边是天天活跃在微博、微信上坚持推送音乐史料。我相信高男高音歌唱家肖玛唱出的《元曲小唱（三首）》中比女人更女人、更性感的情感形象，就是一位双子男心中那位良人，她是遥远的美人，她是作曲家自己，她是浪漫的人生，她美得令人心软。

古典音乐让人成为幸运之子。我亲口对高老爷说过，谢谢您，音乐渡我太多。是陪伴、消解孤独，或者人畜无害地消费自己的孤独和悲情，人得到净化，甚至连带得到一堆诗。音乐提纯人的情愫，把人引向自我表达的深处，一次次完成自我开掘、自我发现。古典音乐让当代人愿意做更美好的人。

几十年的喜爱，总有人说“你该去学音乐”，晚了。

诗意地静坐在音乐对面，坐在高为杰对面，永远不晚。

就算从他指尖跑掉，落在土里，也能快乐地在野地摇摆。

期待高老爷百岁音乐会。

鲁晓东

文创企业家

祝贺恩师高为杰教授八十大寿感录

高为杰老师是我国著名的作曲家、音乐教育家和理论家，1983年即创建了中国第一个现代音乐团体“作曲家创作探索会”，可谓中国现代音乐创作研究领域之执牛耳者。说起师从高老师的经历还颇有几分曲折，这是一段来之不易的师生缘，我的人生中十分有幸能受教于他。

我大学就读于四川音乐学院管弦系，毕业后在阿坝州民族歌舞团工作。1982年，团里决定培养我往作曲专业方向发展，初步计划是到中央民族大学进修。可我在四川音乐学院读书时就听说过作曲系有位教书很厉害的老师叫高为杰，当时，高老师已在国内音乐教育界和作曲界享有盛名，我便一心想拜师于他门下。为此，与团里协商到了四川音乐学院作曲系进修。但在学校教务处报到时才得知高老师是研究生导师，主要招收培养的对象为硕士研究生，师从的学生大多具有扎实的音乐理论基础，一般不会招收进修生，建议我自己和高老师联系，如能得到他的许可，教务处即可协调安排相关事宜。怀抱着一颗不达目的不罢休的心，我登门拜访至高老师家中，忐忑地倾诉了自己渴望拜师于他的想法。宽广豁达的高老师在听说我的请求后欣然接受了我，一个来自藏区、音乐底子薄弱的山里娃。

师从高老师的三年，是我人生受益颇多的三年，所获得的收获不仅仅是个人音乐理论和作曲知识的拓展，更多的是音乐思维的激活、艺术鉴识力的提高和人生视角的调试。高老师极富才气、为人儒雅，听他的课可以说是一种享受。在教授基本作曲技法和音乐理论时很注意节奏的控制和语词的斟酌，通俗易懂，分寸感恰到好处，显得神闲气静、舒张自如，尤其是使我这种基础差的学生，也能充分有效地领会精髓、吸收知识，从而开启通往音乐殿堂的神圣大门。在高老师的无私教授、精心培养下，我在原本陌生的音乐作曲和理论研究方面奠定了极为坚实的基础。毕业后，凭借着高老师教授的专业知识，我在民族音乐创作和民族音乐理论研究方面取得了一定的成绩。这些都与高老师以身作则、深耕教学、关怀备至、循循善诱的精神人格和学术风范密切相关，每每回想起在高老师课堂上的时光，一种幸福感荡然心间。

岁月如梭，时光荏苒，高老师即将步入耄耋之年，令学生们最高兴的是老师年届八十，身体依然康健干练，头脑依然清晰机敏，性情还是那么豁达开朗。三尺讲台，染苍苍白发；桃李满园，露美美笑颜。值此恩师高老师八十寿辰之际，学生旦木秋在雪域高原马尔康对先生致以最崇高的敬意！祝福恩师健康长寿！幸福绵延！扎西德勒！

旦木秋

阿坝州文化馆原馆长

学为人师，德高望重

——我与高为杰老师

作为一名演奏家，在从艺生涯中除了学习、研究、演奏大量的不同时期、不同风格、不同体裁、不同题材的作品之外，如果能有机会演奏当代作曲家创作甚至是为其量身定做的原创作品，那将是艺途中难得的幸事。

作曲家的一度创作与演奏家的二度创作，是一种紧密相连、相得益彰的合作关系，作曲家的哲思睿智和演奏家的灵性感悟，二者合而为一是成就一部好作品的前提保证。在我四十多年的演奏生涯中曾与众多的作曲家合作过，高老师那前瞻的乐思、新锐的技法、君子的品行、贤人的智慧，使我难以忘怀。

我们紫禁城室内乐团这个名字就是高老师为我们起的：厚重有寓意的团名，是希望我们从一开始就要有高贵、高端、高品的追求和表现。在乐团十年的发展过程中，高老师始终给予我们莫大的引领和支持。他先后为我们量身创作了《风声》《山居》《元曲小唱（三首）》，另外我们乐团还演奏了高老师创编的《潇湘水云》《梅花操》《阳关三叠》等作品。最值得一提的是我和我的学生王俊娜，先后三次演奏了高老师于20世纪90年代受香港管弦乐团委约创作的双二胡协奏曲《白马印象》，三次分别是2004年与由谭利华执棒的北京交响乐团在中山音乐

张尊连与高为杰

堂的演出，2014 年由叶聪指挥中国国家交响乐团在北京音乐厅的公演和 2014 年由张列指挥的天津交响乐团在天津大剧院的展示。这首作品采用了四川白马藏族的音乐素材，是高老师早年采风后创作的力作。管弦乐队的恢宏、谐和，二胡旋律的民族性，不论在调性、调式上的多彩变化，还是技术、技法上的创新，都是我所接触过的协奏曲中最为成功的作品。历经十年先后三次演奏该作品，充分证明了这首作品的艺术生命力。

2015 年我代表中国音乐学院国乐系成功申请了国家艺术基金大型民族管弦乐原创作品项目。第一时间我就邀请高老师作为该项目的作曲方面的负责人。最终高老师帮我联络、确定了包括他本人在内的国内外一流作曲家瞿小松、刘长远、高平、杜咏、谢鹏等作曲家，并把关完成了历时半年的前期创作，经过包括国家大剧院、北京音乐厅、清华大学、大连等地的十场演出，最终圆满通过了项目的审核，完成了 2016 年国家艺术基金的项目。

作曲与表演虽然不属于同一个专业，但我有幸与高老师相识、相交近三十年。虽然我们不在同一个专业，但高老师在艺术道路上对我的扶持、引导和帮助，这种忘年之交、亦师亦友的情谊，使我在专业领域里受益匪浅。

在高老师八十大寿的喜庆日子里，作为学生我衷心祝愿高老师艺术之树常青，为我们后学再创造出辉煌不朽的作品。祝高老师健康长寿、事事顺意。谢谢您！

张尊连

中国音乐学院二胡教授
博士生导师、国乐系主任

我的哥哥高为杰

高为杰先生是我的哥哥，在家排行老二，年长我8岁，我还有两个姐姐，我最小。我们的父亲在我出生之前就已离开中国外出经商，由于历史原因，他后来再也未曾回过国，所以我其实从小就生活在一个没有父亲的家庭，哥哥自然和我也差不多。但是哥哥对父亲至少还有稍许印象，而我根本没有。我们的母亲虽然不属于封建妇女一类，但我相信她的头脑里多少有点夫出从子的观念，因为她对哥哥的态度与对我的大不一样，在我眼里他们似乎是平起平坐的，妈妈更愿意听哥哥的话，毕竟哥哥是家中的长子。我哥哥的脾气非常好，据说是像爸爸，在我看来却近似软弱，他还不以为然自我解嘲为君子风度，我也是服了。哥哥从小聪明睿智，在我的印象里，他什么都懂，会摄影、会装无线电，读书也出类拔萃，人长得又帅，斯斯文文的样子十分讨人喜欢。我二姐的同学中有几个女生常来家里玩，也常常讨好我，我虽然还不太懂事，可是我知道她们一定是来看哥哥的，只是那时候我还不晓得“电灯泡”是啥意思。我很骄傲有这样一位兄长，他就是我儿时的偶像。我知道哥哥最喜欢的还是音乐，记得那时他有一把小提琴，我不懂欣赏，只是觉得他拉得还蛮好听的。在我还很小的时候，他就常常边

高为杰与母亲廖修明

左起：高为雄、高为杰与母亲

高为雄与高为杰

放唱片边教我听这是什么乐器那又是哪种乐器，音乐里面表达的是什么意思，作曲家是谁。我哪里懂？最不可思议的是，他会睡到半夜突然醒来，说是梦到一段美妙的旋律要马上记下来，我心里纳闷，梦里的音乐他也能记得住？连妈妈都说他是一个音乐狂人。说老实话，我们都不大相信他真能成为一个音乐家。

他高中毕业后，志向是报考上海音乐学院。有一知心好友建议他在上音开考前先去试试考四川音乐学院，也好积累一点考试经验，却未料一考即中，但也随之失去了再考上海音乐学院的机会。面对如此结果，哥哥也只能决定要去成都。此举无疑引发家人与朋友一片反对声，说什么“蜀道难，难于上青天”，四川太远，家里怎么办？不如明年再考。我心里也希望他不要去，但他却义无反顾，执意要去。这一步究竟走得是对还是错？恐怕现在已无须再议。如今的成就始于当初的选择，后来走出蜀地再进京城，也是好事一桩。

哥哥去成都的那一年19岁，我才11岁，还在念小学。他走后，家里冷清了许多，没有了音乐，少了几分乐趣。除了哥哥每年假期回来一次，我们兄弟很少有见面机会。再后来发生的事太多太多，我只知道他还被关进“牛棚”好长时间，受的苦可想而知……现在都已成往事，真不想多忆。十多年前，我移居澳洲。近年来只是每天在微信上还能看到他发的音乐家生平及一些事关音乐的评论文章等，就知他一切如恒，仍孜孜不倦沉迷于音乐之中。

80岁只是老年的开始，祝愿哥哥音乐生命常青！

写在“高为杰教授从教 50 周年师生作品音乐会”之前

当我看到“高为杰教授从教 50 周年师生作品音乐会”节目单的初稿时，心里久久不能平静，尽管其中很多人我很熟悉，早就知道他们出自高老师门下，但这么大一批老中青作曲家的名字被集中到一张节目单上的时候，这不同寻常的阵容还是让我眼前一亮，深感到它沉甸甸的分量。他们中像瞿小松、贾达群、朱世瑞、邹向平、陈丹布、崔文玉等是“文革”后第一批或之后不久考入川音、中央院或其他院校的，早已是中国作曲界的中流砥柱并蜚声中外；即或是现在的年轻一代——高平、朱琳、卢璐、崔权等，也已是各音乐院校的作曲骨干教师，显露出各自的作曲才华和理论水准。这次盛会是高老师个人 50 年来教学成果的一次回顾，也展示了近半个世纪以来中国音乐发展的一个重要侧面。

如果说，在我担任中国音乐学院院长期间做过几件自己最得意的事，其中一件，就是 1988 年北京和上海的几所音乐学院不约而同地都要调高老师的时候，我马上派人事处处长亲赴成都，盛情相邀，真诚感动了上帝，高老师和他的夫人罗良琏老师就这样被我“抢”到了中国院。高老师的到来，不仅大大提升了作曲系的实力，也成为中国音乐学院的骄傲。

大家公认高老师博学广识，是一位有文化的学者型作曲家，以他广阔的音乐和人文视野、出色的创作和独特的理论建树，跻身于当代作曲领域的学术前沿。

在创作上，高老师追求感性与理性的完美结合。他的作品既是感情的真实流露，又有严密的理性设计与控制，所以既能深深地打动人，又是经得起分析的艺术范本。他深谙艺术不是生命体验的简单再现而是美的升华，即或是他所亲历的一般人难以想象的命运坎坷，在他的作品里也化作了或是恬淡而又超然的诗境，或是一个个由音符编织而成的梦……

在教学上，高老师是学生的良师益友和艺术上的引路人。他一方面对学生的技巧训练极其严格，一丝不苟，同时又非常善于发现每个学生的优点，给他们留出空间，鼓励和引导他们充分发展自己的个性，真正达到了教育的最高境界："不拘一格降人才。"今天的音乐会就是一个生动的例子。

高老师虽说年事已高，两鬓斑白，却有着一颗永远年轻的赤子之心，充满了生命的活力和不断创造的精神，永不满足，永不停步，永不重复自己！我想这是他带给学生，也是带给我们每一个人的最宝贵的启示。

值此高老师和罗老师夫妇双双举办从教50周年音乐会的大喜日子里，我愿送上朋友的祝福：

愿两位老师永远快活，健康！

等着你们的

前面还有更美的风景……

【附言】高平老师：你好！去年接到邀请要为高老师八十寿辰写一篇文章，后来一病不起至今不能动笔。不知是否可以拿我为高先生教学五十周年音乐会的文章先聊表敬意，待以后有机会再补。祝高为杰先生为中国音乐事业再创新高！

左起：高为杰、李西安与高平

李西安

作曲家、音乐理论家、音乐学家
中国音乐学院原院长

贺高为杰老师八十大寿

一九七六年，《苗岭风雷》一戏，贵阳市京剧团磨了多年，终于够得上到成都峨影厂拍片。

成都有个四川音乐学院，西南大区最高音乐学府，里头有个高为杰，西南数一数二的高人。三人（马建平、陈远林、我）打听清楚，一同揣了乐谱敲上高家门。

我当时迷恋一个深爱的和弦，有机会就用，没机会创造机会也用。高老师合上谱子，说：和尚开荤啊？吃多不怕拉稀？

我那里正等夸奖，当头这一闷棍，立马打晕。从此“分寸”二字血里生根。

说分寸，在高老师家第一次听到了德彪西。

瞿小松与高为杰

不似贝多芬农民般粗放直率，不似布拉姆斯智者般深沉，不似柴科夫斯基怨妇般呼天抢地，也不似莫扎特天赐的清朗明晰……这个德彪西，松弛消散却不放纵，朦胧恍惚却不昏沉，极度敏感却不自恋。

日后我琢磨，德彪西应该是西方隐约体悟到单音的生命，而不把乐音体系结构奉为神明的第一人。

也是从高老师处，得知一个突如其来的消息：“文革”完了，明年公开招生，北京中央音乐学院也到成都设点。

我底牌花，念大学从没想过。不是不敢想，是根本没动过念头。

上音乐学院？北京？比天方夜谭还天方夜谭！

后来考上中央音乐学院，首先要叩谢高老师！

——摘自《一路踉跄》（与吴澜合著，2010年海南出版社出版）

结识高老师，是我生命当中很重要的转折。他把我们领进一个新天地。所以直到如今，我仍对高老师心存感激。

除了音乐上的点拨，高老师的为人也让我深深钦佩。

2001年秋，我在上海和几位朋友办了两场音乐会，演出不同年龄的中国作曲家为中国乐器写作的室内乐，以及一些中国传统曲目。音乐会由我妻子吴澜取名“秋问”。

“秋问”以吴澜制作的DV纪录片作框架，开头是一段二十分钟的片子，内容是作曲家们的日常生活，以及他们回答诸如“音乐对于你生命的意义”一类问题。作品演奏之前，作曲家在银幕上介绍自己的作品，一旦音乐开始，就不再有视觉干扰。

采访高老师，吴澜问：“‘文革’整您的人，都得过您的帮助，现在回想，您恨不恨他们？”高老师答：“要做的事太多，有意思的事太多，没工夫恨人。况且他们有些人已经悔悟。能悔悟就是善，我替他们高兴。”

多年之后一次公开场合，高老师谈及自己的作品，说：“我的这些作品其实没有什么价值，它们不会在历史上流传下去。既然知道这个，为什么还写呢？很简单，因为爱。”

这番话让我联想到米开朗琪罗。他在《最后审判》里头，将自己画成一张皱皱巴巴的人皮，被一持刀大汉拎在手里。

像米开朗琪罗这般作自画像的，像高老师这般谈论自己作品的，天下艺术家，不知有几人？

跟高老师接触多年，淡淡地感受到他内敛自然而无语的爱，爱音乐，爱学生，爱家人，敬同事，但不求回报。他永远是我的老师。

——摘自《音乐闲话》（2010 年海南出版社出版）

时光荏苒，光阴如梭，高老师这就要八十了！

自 1976 年得遇命中高人，四十余年走来，无时或忘将我生命之舟拨向的恩师高为杰！

“一日师，终身父。”四十余年的光阴里，高老师于我，亦师，亦友，亦父。天南海北，无论我身在何处，总能感受到他淡淡的、不事张扬而温厚的父爱！

写下这些字句，我的心里有暖暖的热度。

谨引书二段以表感恩！

祝愿恩师高为杰老师，长寿安康！

瞿小松

自由人，从事音乐创作与文字创作

高为杰教授印象

高老师的创作及理论研究，在许多个点上是中西方音乐思维的接合处。钢琴曲《秋野》开始的著名和弦，由两个同构四音集合构成：

韦伯恩《五首弦乐小品》第四曲第六小节的乐句：

二者只有一音之别，前者的排列是规则的，后者不是。在音区（高音区）、演奏方式（自下方起奏的琶音）、结构意义（孤立音响讯号）方面，二者颇为接近。在《秋野》和弦的清亮召唤声中，我听见曾在韦伯恩思绪中闪过的寂寥乐思。

笛子与管弦乐队《别梦》的开始部分以一个独奏乐器上的五声性四音列结束，它以逆行形式结束全曲：

这是韦伯恩式的，又充满中国味道。这些音符听似随意平淡，但内含秩序，在一部复杂的、起伏巨大的作品中构成一首一尾——按高老师的话——镶边结构，意味深长。高老师在课上曾不无得意的提到这个例子，我随即不由自主地哼起该四音旋律，可见印象之深。

高老师自创的非八度周期人工音阶，在创作中已经产生出《韶Ⅱ》等作品。这种手法源自西方作品中的一些局部现象，高老师将其归纳成完备的技术。已经有许多学者论述过该手法，下面例子中为理查·施特劳斯的歌剧《莎乐美》中《七层面纱舞》的结尾，它亦可被视作基于以十一个半音为模的非八度周期人工音阶：

20 世纪 90 年代《音乐创作》上曾有外国现代作品介绍栏目，作品后附有分析短文，其中几篇是高老师所写。这些文章不长，每一篇都介绍一种技法，描述其在作品中的运用，是研究现代音乐的有益参考。所介绍的作品有复杂性，创作密码的破译显示出高超的洞察力。文章所涉及的如十二音序列、人工调式、支声、音高集合，是高老师长期关注的对象。在创作中高老师系统运用这些技法，写下了将其移植于中国的最早范例。

想必是得益于夫人声乐家罗老师，高老师的艺术歌曲作得好。当学生时，我曾与同学在琴房弹唱《夜歌》，陶醉于旋律与钢琴声部那浓郁的民族风情：

高老师谱杜牧诗《赠别》，旋律古雅，在第二句开始处运用弱起及连续切分，产生独特新意：

王广宇与高为杰

我在小学时在电视上完整看过高老师的曲式课，印象最深是在最后一堂课上他的归纳：“从某种意义上来说，每一部作品的曲式都是独特的。”高老师编的曲式教材每一版中都写入了这句话。这句话表达了自我反身的观念，激发读者进行哲学上的思考。在教学中我曾用高老师的曲式教材，深感其语言之准确，知识面之完整。

高老师深深热爱音乐。他总是能在许多作品中立刻发现最有趣味、最有艺术价值的几部，能立刻识别出具有个性的作曲家。他对世界各地的音乐怀有兴趣。我记得曾提起图书馆收藏的苏联版越南作曲家小提琴奏鸣曲，高老师表示赞赏此曲。高老师同样读过亚历山大罗夫的钢琴曲乐谱。每次和高老师谈起这些罕见的作品，我都觉得遇到了知音。这种对音乐的热爱，主动去探索去观察的动力，是我们年轻人需要学习的。对知识的传承有责任感，常怀求知心，方可能在学术上获得实质的进展。

高老师对学生在创作和研究中的创造、发现给予最大的支持。我在研究中采用新的材料和方法，得出新的结果，高老师一向是支持的，这令我有信心探索无人涉及的领域。我对正在从事的事业有信心，因为我知道有高老师在，高老师懂得这些。

小时候还是音乐爱好者时就经常在刊物中读到高老师的名字，到成为高老师的学生，我是幸运的。高老师今年八十岁，他在学术和创作上活力依然旺盛。在这个时候，祝贺高老师获得的成就，向高老师表达谢意！

王广宇

毕业于多所院校
从事作曲及音乐教学

《蜀宫夜宴》引发的故事

第一次演奏《蜀宫夜宴》，还是我在四川音乐学院民乐系做学生的时候，这是我第一次听到与众不同、悦耳动听的民乐合奏，它从20世纪90时代所能接触到的民乐作品中脱颖而出，完全可以用“惊艳”来形容，“此曲只应天上有，人间难得几回闻”。这部根据永陵博物馆石刻二十四伎乐创作的乐曲《蜀宫夜宴》，描写了前蜀宫廷歌舞音乐的宏大场面，显出雍容华贵的气派，它既有传统民乐的底蕴意境，又有斑斓绚丽的异域色彩，结合得如此巧妙，过渡得如此自然。尤其是中段的《霓裳羽衣舞》，作曲家根据白居易在《霓裳羽衣舞歌》诗中对当时表演场景的描绘，发挥自己的想象，采取了“散曲”“中序”“曲破”“曲终长引声”的结构层次。音乐的主题，由南宋音乐家姜白石的“霓裳中序第一”中开头的曲调变化而成，并带有波斯和印度色彩的旋律和舞蹈性节奏，音乐干净简洁又意蕴丰富。后来才知道我最喜欢的中段音乐是高为杰老师创作，对他在那个年代能够写出如此有新意的民乐心生钦佩之情。

后来我加入四川“天姿国乐”团成为一名乐员，这个诞生于成都的女子民乐团与永陵二十四伎乐有着与生俱来的缘分，它们都是在同一片土地上生长、开花、结果。乐团成立之初，接到国务院新闻办的出访任务指派，赴瑞士日内瓦参加“感知中国”活动。音乐总监唐青石将他老师参与创作的《蜀宫夜宴》改编成了适合我们团演奏的版本，牟岭虹团长根据音乐的律动和舞台表演的需要，指导我们在演奏中融入了古典舞的元素，让这首经典成了我们团的保留作品。我们带着这首作品在联合国万国宫、捷克国家歌剧院、墨西哥城市剧院、丹麦皇家歌剧院、日本大阪音乐厅、美国肯尼迪艺术中心等世界一流艺术殿堂上演，受到观众的热烈欢迎！

“天姿国乐”在民族音乐传承和创新的道路上十年的坚持，吸引了永陵博物馆投来合作的橄榄枝，希望我们将永陵二十四伎乐，这个在中国音乐史上占有重要地位的历史文物重现舞台，我们与高老师的缘分再次连接。高老师作为最早创作这个题材的作曲家，已经做了很多功课和研究，是我们最好的艺术顾问。作为项目负责人的我千里迢迢从成都赶到中国音乐学院高老师的家里请教，高老师亲自给我讲述了创作背后的故事，他的创作思路和创作理念。看了哪些诗词、用了哪些旋律，并且毫不保留地给予我们这部国乐观念剧《伎乐·24》许多有价值的建议和一针见血的意见。“音乐应该是这部剧的灵魂，不管你们怎么创新舞台表演形式，都不能脱离音乐的内涵，去掉包装后，音乐同样还能打动观众。”高老师说，“要根据历史，充分发挥音乐想象。”我把关于这部剧的介绍发给高老师指导，文案中提到“打造以现代观念艺术与中国美学高度契合，充满写意旨趣的舞台音画作品”。高老师马上指出概念的错误：“观念艺术（conceptual art）有特定含义，我曾戏言‘光有菜谱没有菜就是观念艺术’，观念艺术是消解传统艺术形态的一种现代艺术潮流，并非艺术中具有观念就是观念艺术。”关于乐队的定义，高老师继续指出，“把皇家宴乐乐队称为当时的流行乐队也是不妥的，宫廷艺术是贵族艺术，不是大众艺术”。在高老师的帮助下我们理清了这些概念，杜绝了学术上的硬伤。后来我欣赏了他创编的《古曲新韵》系列民乐作品，让我再一次领略到

左起：成都永陵博物馆馆长彭建平、高为杰、唐文婷

高老师高超的作曲功力，精致细腻的巧思和意境深远的布局，中国文人的高雅审美趣味与作曲技术的完美结合，让我们听到古曲的另一种美。

高老师是我非常敬仰的老师，不仅仅是他在作曲事业上取得的成就，更重要的是他对待学术研究的严谨态度和知识的渊博，以及对晚辈热心和无私的帮助，我想“大家”就应该是高老师这样的人！

唐文婷

琵琶演奏家、“天姿国乐”团长

“高人”高为杰之印象一二三

印象中第一次见到高为杰老师好像是我在上海音乐学院读书的时候，那是在一个讲座上，高老师发言说：“我现在作曲的时候，经常会有一个出离心，一个理性的我在上面看着下面那个在作曲的我，很有意思……”当时这句话令我印象深刻，因为，我完全没听懂。但是，却又懵懵懂懂地感觉到了点儿啥。从那时起，就觉得这个人很高，后来一打听才知道他还姓高。

第二个深刻的印象是在作曲家瞿小松的书《一路踉跄》里提到的那一段“和尚开荤，吃多了拉稀”的典故，瞿小松其人其事在我们心中已经很神秘莫测，神龙见首不见尾了，但是，当我看到他的书里写到当年在四川的时候，写个小曲忐忑地去找“高人”高为杰老师请教的时候，心中就更觉得这个高老师实在是“高”了。

高老师第三次震撼到我的时候，我已经大学毕业并在德国生活了。那时我每年会回国一两次，每次回来除了看望父母，还有就是和朋友喝酒聊天，拜访我敬重的师长们。在上海和当年的那些老友们一起除了吃吃喝喝，还要住在人家里，记得那次是住在了当年一个寝室的沈叶老师家里，吃喝回家当然就要聊点正经的了，他说手上有一些也不知是谁收集整理出来的古今中外的各种音乐资料，很大，大概五百个G，朋友之间相互分享，但是，谁也没具体听过里面的东西，都当作资料留存了。我当然要了，结果，拷了一个晚上。第二天我就高高兴兴地背着行囊去北京了。到了北京当然要去拜访高为杰老师，聊天之余，我就说到了这个资料，高老师也没客气，我就把这资料再次转手了。半年过后，当我再次到京见到高老师的时候，他的第一句话就是："上次你拷给我的资料我都听完了，你那还有吗？"我无语了！傻傻地站在那不知道如何回答，因为，我一首都没听。我被这个突如其来的问题问傻了，愣了半天我回答了两个字："没了。"

一块硬盘毁了我的三观，因为，在之前我认识不认识的音乐人，包括我在内往往都是很自我的人，只听自己喜欢的音乐，只接受自己认同的人，不会这样完全"不挑食"地去听五花八门的音乐和去欣赏稀奇古怪的人。高老师对音乐犹如一个新生的婴儿第一次接触到这个世界一般，对什么都是那么的好奇和惊喜，对世界永远是一个开放的态度，包容这个世界存在的万物。

在和高老师的接触当中，聊到音乐，好像就没有他不知道的，从作曲家的背景到作品内部的细节他好像都能过耳不忘，而且，越聊越起劲，越聊越高兴，聊着聊着就需要点小酒助助兴了。

最触动我的一点是：高老师聊音乐，只聊，不评判，如数家珍似的摆在那，但，不用主观去判断。

这让我这个自以为是的晚辈感到惭愧和敬佩，心中暗暗佩服，这真是一个“高人”呀！

后有幸与高为杰老师的儿子高平结为好友，闲聊时，我好奇地问：“你老爸平时在家没事的时候都干吗呀？”高平摇着头说：“嗨，听音乐。”我接着问：“没有别的爱好吗？”高平笑着说：“没有，音乐就是他唯一的爱好。”我俩四目相对，干了一杯酒，高平由衷严肃地说：“我都很佩服我爸，他太爱音乐了。”

与高老师做过一段时间邻里，一日家里寄来土特产，给他送些过去，敲门无人应答。平时高老师家的门白天都是不上锁的，再敲，还是无人应答，故轻按门把手，门开了，走进去，屋里不见人，放下东西刚要转身离去，忽然看到客厅远处的角落里坐着高老师，他背对着我面向窗外在听音乐，听得如痴如醉。我站在门口不忍心打扰，又不愿离去，所以，就那样站在门口看着，看着一个沉醉在音乐里的老人。看着看着，觉得他好可爱，可爱得像一个孩子，无忧无虑地做着自己喜欢的事，开心地过着每一天。

我想，高老师一定很幸福，因为，他有自己最喜欢的音乐相伴。

这既让人感到欣慰又让人羡慕！

王珏

作曲家、中国音乐学院讲师

家常小事三则

高为杰与夫人罗良琏的学生时代

高为杰与夫人罗良琏、女儿高知行于 1967 年

父亲母亲今年都八十了。与他们还有姐姐朝夕相处是我的头十九年，之后出国，一去二十余载，天各一方。

如今可以同住一城，常常见面，可谓人生大欣慰。

父亲对我在音乐上影响最大。母亲则更多在养育上付出心血。就说我学琴，从我六七岁至十二岁考入川音附中，历时七年，她每日琴房陪伴，无论风雨。我虽无甚成绩，但今天尚可自食其力，多半归功于他们早年给我打下的一点儿基础。

父亲在作曲、理论、教育方面的成就，无须赘述，本书有沉甸甸的例证。我回想过去的岁月，倒有一些小事不时浮在眼前，很少对人说起，不妨借机分享，或可添些趣味，大家也能领略点滴高老爷子的日常情景。

（一）剪尾巴

最早的印象是照片式的，凝固，黑白，大概是我四五岁时的记忆。比如，父亲弹钢琴的那一张，很清晰。我一直认为他弹的是贝多芬《钢琴奏鸣曲“热情”》，不知有何依据。

当时，父亲闲居在家，虽然还没有彻底平反，但风暴毕竟已经过去，可以正常生活，可以适度地穷开心。

一次他告诉我：“小孩到一定岁数会长尾巴，必须用剪子剪掉。”果然，一天回家，刚上二楼楼梯口，他说：“你看，你尾巴长出来了。”我回头俯视，发现一根细带子悬在身后，显然是裤子的松紧带（俗称“鸡肠带”）在空中摆荡，晃着彩色条纹。可能我不愿扫兴，就配合说“尾巴，有尾巴”。父亲

高平四岁与母亲罗良琏

高为杰与夫人罗良琏、儿子高平在美国

取出剪刀，“嚓”，鸡肠带随声落地。父亲窃笑着拾起带子扔到垃圾桶里。我依然配合，呆站着，表情若有所失。

（二）空中的皮鞋

1981年暑假某日，炎日昏昏，百无聊赖，我晃到川音的一居民大院“怀园”寻友，不遇。一位不太相熟的家属子弟路过，邀我去附近安顺桥看水。那年四川特大洪水，成都多处遭灾，据说水涨至桥身，桥上站了很多观客，欣赏“城中海景”。我心不在焉，没有理会他，继续我的游荡，寻觅玩伴。

不多时，刚刚邀我看水的那位小哥朝我奔来，浑身湿透，滴水四溅，“桥垮了！桥垮了！”两声喊叫把我从浑噩中一把扯出，两条腿不经思索就带我往安顺桥方向跑去，边跑边有些后怕，庆幸刚才的浑噩：我还不会凫水啊！

站在岸边看江水滔滔，偶尔能辨出远处水中有挣扎求生的人。正在出神，有人拍我肩，回头一看，是邻居沈伯伯家儿媳，是位护士，正好在现场救援。“平平，你怎么在这里？”口气里带着担心，也有点责备，“你爸妈好担心啊！”随医院的救护车，我回到川音大门口。

刚下车，就远远看见父亲大步流星朝我走来，一身怒气辐射到几十米外来。那年代没有手机，连电话都罕见，这消息怎么传到他耳中的？“你跑哪里去了？出那么大的事！不要命啦！”不等我开口狡辩，他飞起一脚朝我踢来。我一闪身，父亲踢空，不想一只皮鞋很不给面子地脱脚而出，飞得老高！有半秒，我们的目光都聚焦在飞起的皮鞋上。一回神，我乘势溜掉，跑着回头一瞥，父亲正朝那只皮鞋一颠一跛地单腿跳去。

（三）消逝的梦

很长一段时间，家里钢琴上一叠乐谱里总夹着很薄的一本，黄旧的谱纸，钢笔手稿，很工整，音符寥寥疏疏，抬头写着《消逝的梦》。它一度引起我的好奇，曾在琴上试奏谱上几首极短的乐章。那时我习琴不久，尚未接触无调性音乐，曲中清枯的对位听来怪诞而有趣。现在想来，这组威伯恩式的小品在当时很胆大，一定是犯忌的东西。“形式主义”啊！在20世纪70年代，这些东西可能引来的麻烦难以估测。大概正因如此，这几页发黄的纸长期待在琴盖上，默默无闻，只随着钢琴里传出的种种响声微微共振。后来，家里几次迁居，不知什么时候，再也没有见到这本乐谱，也就淡忘了。这样的不知所终，倒也应和了那个标题。

我曾问起这首作品，父亲不当回事，淡淡说：“那是在写‘文革’里的遭遇，像梦魇一样。”接着又补充：“当时闲得无聊，在家偷偷做点试验。”

很久以后，我才知道在一次声讨“形式主义”的会议上，父亲通过阅读苏联的一篇批判勋伯格的材料，领会了十二音作曲技法的基本原理。谁能想到，这次反面教育对他来说竟如此深刻入骨，进而变出一样令他兴奋不已的新玩物，玩得不亦乐乎！

琴声中的父与子

高为杰与夫人罗良琏在泰国度假

人生乐事　高平画

《消逝的梦》是我父亲心有余悸的慨叹，也是他艺术方向转角的第一步。他后来写出的《梦系列》（《别梦》《缘梦》《远梦》等作品）与《消逝的梦》里的初步尝试已是相去甚远。但不论在作曲技法还是题材意象层面，我都能感到这些作品与《消逝的梦》之间不可分割的脉络关系。《消逝的梦》可以说是《梦系列》的前奏！

我一直在幻想，那份清秀的手稿会不会有一天出人意料地失而复得？

高平

作曲家、钢琴家
首都师范大学音乐学院教授

回忆与祝愿

高为杰教授是中国当代乐坛上备受敬重、知名度很高的作曲家、音乐理论家和教育家。在他80寿辰之际，我不禁回忆起他当年在四川音乐学院学习、工作期间和离开川音之后的一些往事。

1957年，高中毕业生高为杰在上海以优异的成绩考入远在成都的西南音乐专科学校（1959年改名为四川音乐学院），成为作曲系1957级学生。1958年，作曲系安排我担任1957级的和声课教师。当时我就发现高为杰接受知识的能力和悟性超强，他的作业经常出现亮点，显示出创造性。

“文革”前，作曲系的学制是四年制。1960年，作曲系需要培养师资、汇聚人才，系主任刘文晋决定，让读完三年级的高才生高为杰提前一年毕业留系任教，高先生从此走上音乐教育的道路。

20世纪80年代初，某日下午，作曲教研组在工字房西南角尽头的作曲系办公室开会，专题研讨如何更好地进行作曲教学，提高教学质量。老师们畅所欲言，各抒己见，交流教学思想、心得和做法。高先生带来一份教学计划并发言，引起老师们的关注和热议。他的计划是，按照曲式结构功能对学生进行写作技术训练，让学生深入理解和牢固掌握乐思呈示、展开、连接和再现的技术，并且对关键性的写作技术进行强化训练。受高先生教学思路和做法的启示，我此后调整了自己的教学法，在实践中积累经验，取得了良好的教学效果。2015 年初，99 岁高龄的姚以让教授还向我谈起那次作曲教研组会议。他说高先生的做法很好，他一直保存着高先生的那份教学计划。由此可见，那次会议至今仍有影响。

高先生的教学效果很好，这在当年川音作曲系师生中有口皆碑。1981 年，我取得高先生同意，前往琴房听他上作曲课：指导 1979 级学生蓝光明写作变奏曲，只听了几次，但已有收获。1981—1982 学年开始时，我虽然工作很忙，但还是决意抽出时间，随班级听高先生讲授“曲式学”。1981 年 9 月 4 日，我进入高先生的大课课堂，教室在当时的演奏厅前厅二楼。虽然上课的 1980 级只有范乃信、罗新民、姚亚平等六位同学，但教室基本上已被他们和旁听的师生们坐满。这个学期上课的内容是回旋曲式、变奏曲式和奏鸣曲式。1982 年 2 月开始的下学期高先生继续讲奏鸣曲式和协奏曲。听完这个学年的两个学期后，1983 年 9 月 5 日，我又开始听高先生给 1982 级讲授“曲式学”。该班级同学只有贾达群、田刚等五人，但偌大的教室仍然基本上坐满。这个学期上课的内容从绪论、乐段直至复三部曲式。上述三个学期相加，也就是高先生讲授“曲式学”的全过程。听完全过程，的确获益良多。高先生讲课的特点是：立论明确，观点鲜明，不时有独到的见解；条理清晰，逻辑性强；语言精练而生动，富于吸引力。将他的讲课记录下来，就是很好的教材和文章。我的听课笔记相当完整地逐字逐句记录了他讲课的主要内容，直到三十余年后的今天，仍然是我使用的教材和查阅的资料。

1983 年 11 月，刘文晋教授担任作曲系首任系主任已满三十年，并且即将离休。他坚持让高先生和我搭档，接他的班，因此，1983 年 11 月 12 日，高先生和我同时就任作曲系副系主任。

黄虎威与高为杰

我们共同管理作曲系直到 1989 年初，长达五年余。在此期间，我们的合作非常好，作曲系的发展也不错。这是一段值得我珍视和铭记的日子。1989 年初，我卧病在床。某日下午，学院人事处处长奚宏文来我家通知我：高先生将离开川音。得此消息，我非常不舍，非常难过，不禁潸然泪下。

高先生在专业上对我的支持和帮助是一贯的。1981 年，我的小提琴曲《峨眉山月歌》在川音首演后，高先生就撰文进行精到的分析，赞誉有加。我在写作《斯波索宾等〈和声学教程〉

习题解答》的漫长过程中，当遇到一些疑难的学术问题时，我就曾多次用信函或者电话与高先生联系，向他讨教，他总是十分热诚地谈意见谈看法，帮助我解决问题。2011 年，这本书的下册由人民音乐出版社出版发行。收到样书后，我首先想到的就是奉送给当时正在成都的高先生。他收到后，随即在网上发表意见，给予很高的评价。2013 年，川音隆重召开我的“教学与科研创作成果学术研讨会”。作为特邀嘉宾，高先生不辞辛劳，坚持出席三个半天的会议，并且在开幕式上作了精彩的发言，令我十分感动。

几十年来，我一直信任和尊重高先生。他的卓越成就，他的勤奋好学、思维敏捷、才华横溢、学识渊博，他的不断探索、创新，他的优秀人品、艺品和学品，无不深深地打动着我；而他对我的支持和帮助，更让我心存感激，铭记不忘。

真诚祝愿高先生健康幸福，生命之树常青，艺术之树常青！

黄虎威

作曲家、音乐理论家
四川音乐学院教授

身正为范，学高为师

——我印象中的高为杰老师

我的朋友高平向我约写一篇关于高为杰老师的文章，以庆贺高老师八十岁大寿，对此我深感荣幸。高为杰老师和其爱人罗良琏老师，与我的父母都是四川音乐学院毕业的先后同学，我和高平也曾同学于附中。细细数来，高家和我家也是两代世交了。

在我的记忆里，川音永远跟几位音乐家长辈联系在一起：高为杰老师、郎毓秀老师、常苏民院长、但昭义老师、郑大昕老师等，他们都是给我留下深刻记忆的川音老前辈。由于我父母皆是川音毕业生，后因父亲又留校任教多年，从小我便在川音长大，历经幼儿、童年、青年直至成年。

在中国学院派作曲家群体中，高老师德高望重，深受学界褒扬，被誉为“最具创新精神的作曲家和音乐理论家、音乐教育家”。可是，对我而言，关于高老师的印象始于幼小时期单纯、质朴的记忆。

我记得，那时常常见高老师拿着书，从他的住所博济苑出发到学校上课，时常会路过我的家——沁苑。他的爱人罗良琏老师总是和他在一起，他俩在川音是出了名的才子佳人，是人人羡慕的一对。我和他们的孩子丹丹、高平，一同在川音长大。高平的年岁要

著名钢琴教授郑大昕先生与高为杰

小一些，丹丹和我年龄相仿，因此我们成了儿时的玩伴。

大学时代，学校开了音乐赏析课，请了作曲系的老师们授课，高老师也曾为我们上过一节课。他的课最受欢迎，课堂上座无虚席。那时，他带领着我们欣赏，并讲解了俄罗斯作曲家斯克里亚宾和法国作曲家比才的作品。他略带上海腔的英文发音，把“里”和“亚”连在一起，迄今给我留下很深的印象。斯克里亚宾作品的特点和风格，通过高老师深入浅出地娓娓道来，也深深铭刻在我脑海里，影响着我对这位作曲家的认识。

1991 年，我移居日本后继续着音乐活动。1995 年中有一个半月时间，我从日本回到北京，跟随我的老师王范地先生进行再学习。当时，我去到北京音乐厅聆听中国音乐学院教师室内乐团的现代作品音乐会，我便为高为杰老师所创作的《韶Ⅱ》

而折服。

《韶Ⅱ》独特的音响、强烈的张力感和声响效果，优雅、神秘的旋律让我为之动情，故而我萌发了请高老师为我创作作品的念头。我的想法也得到了王范地老师的支持和鼓励，于是，我鼓起勇气前去拜访了高老师。

距离上次见面，已时隔多年，每当想起那一次请求，高老师爽利的应答，我都特别感动。高老师是一位以音乐为生命，在音乐生涯中永远与时俱进的音乐前辈，而且他孜孜不倦地扶持和帮助着年轻人，在音乐漫漫长路上不断探索和追求。

彼时的我，尚是一位年轻的琵琶演奏者，从川音毕业之后考到中央歌舞团，后辞去歌舞团琵琶独奏演员的职位，刚从中国移居到日本不久。那时的高老师，从任教多年的川音调到了中国音乐学院作曲系担任教授，同时兼任中国音乐学院图书馆馆长。

说明了来意之后，高老师当即爽快地答应了我的请求。在乐曲完成后，我去高老师的住处拿乐谱。他为我创作的这首琵琶和钢琴二重奏，沿用了《韶》音乐系列，命名为《韶Ⅲ》，后来改名为《路》。现场，高老师将这首曲谱从头到尾为我讲授了一遍，简明扼要地把乐曲的内容、曲式结构和需要注意的地方，耐心而详尽地告诉了我，还特别强调他采用了其独创的非八度循环周期人工音阶。

何为非八度循环周期人工音阶？它指在创作过程中，跳出以12个半音为一个模式进行循环的自然音阶法则，不以通常的八度为周期重复关系，因此需要把琵琶的定弦进行再调整。琵琶的定弦决定了乐曲的张力，而这首新作的曲子是以11个半音为模的人工音阶，以自由的奏鸣曲式写成，恣意汪洋。

就这样，我带着曲谱回到了日本开始独自练习。

在大阪举行的国际室内乐比赛上，我和日本钢琴家细田淑子首演了高老师的作品。吴祖强老师当时身为评委一员，听了我演奏的这首作品，给予了肯定和赞扬。之后，这首作品又在我 1996 年的独奏音乐会——“琵琶的近代与现代作品音乐会”上演奏。在演奏之前，我又请高老师为这首乐曲书写一段介绍，很快，他也都认真地回信给我。

《路》是我第一次以琵琶演奏的现代作品，对高老师独创的“非八度循环周期人工音阶”也是刚接触，但当乐谱上的音符用琵琶的语言表现出来时，音乐的深邃和迷人就深深吸引了我。我和首演的搭档钢琴家细田淑子十分喜欢这首作品，经常排练完了还沉醉在音乐中，意犹未尽。非常感谢高老师给了我一个机会，让我能将过去学过小提琴、钢琴的积累，用在这首现代作品的演奏上。也因为有了这首作品，打开了我和其他演奏家合作的序幕，并在日本获得较好的评价，它也让我找到了一种不同于传统的创新、自由的音乐表达方式，因此我也开始尝试演奏其他的现代乐曲。

尽管《路》不是很容易演奏，但绝对是一首值得花时间和精力去弹奏和体会的乐曲。遗憾的是，因为演出条件和环境的限制，我没能有机会经常演奏它。后来，高老师又将《路》转译成小提琴与钢琴二重奏，并在国际作品比赛中得奖，实在是这首乐曲应得的殊荣。我也希望有机会再演奏这首曲子，以表达我对高老师崇高的敬意。最后，祝愿高老师八十大寿快乐安康。

唐华

琵琶演奏家
四川音乐学院琵琶专业毕业
曾任中央歌舞团琵琶独奏演员，长期旅居日本从事音乐活动

心中有爱　四季如春

——记我的恩师高为杰教授

有的人才高八斗，却要经历磨难；有的人经历磨难，仍怀有梦想；有的人追逐梦想，能心明如镜；还有的人心善若水，而惠泽后生。是什么能让人生如此厚重而高德？仰止高山，苍穹之上的文曲在微笑，那是因为——心中有爱！我敬爱的高先生就是如此长者！

先生爱音乐、爱生活、爱亲人、爱学生，爱之所爱一切，用仁爱之心包容万物，用平淡之心面对荣辱。先生早年曾历经磨难，但当他说起那段历史却总是静静道来，从不会因为受到的折磨而耿耿于怀，倒是其中一些温暖的细节让先生记忆犹新，一些趣闻逸事让先生久久开怀。正是那种博大的胸怀，让他在岁月的长河中铭记感动与温暖。

和先生在一起聊天能感受到一种遨游音乐海洋的酣畅。2013 年 10 月的一天，先生给我上课，本来课程即将结束，但因某一个音乐技术问题，先生由此讲开——从法国的布列兹讲到波兰的鲁托，从日本的武满彻又聊到新西兰的杰克·波蒂，从德国音乐聊到美国音乐……如此这般一讲又是一个多小时。那种各国作曲家信手拈来的自由，不同风格作品随时切换的从容，作为学生，受益良多，也心悦诚服。我到现在都不清楚，他的

左起：高为杰夫妇、新西兰驻华大使 Carl Worker 与新西兰作曲家杰克·波蒂

脑海里到底储存了多少音乐作品？莫非因为先生早年担任过中国音乐学院图书馆馆长的缘故？正是对音乐无比的热爱，先生一有时间就坚持听音乐，时时刻刻关注着当前世界音乐发展的最新动态。记得博士论文选题前夕，我问先生能否研究杰尼索夫，由于这位俄罗斯作曲家在我国的知名度不高，国内能找到的资料也寥寥，正在担心选题会被否掉，哪知道先生说：可以啊，他还是我的朋友呢。随即给了我一些资料，至今我的毕业论文附页上还有先生和杰尼索夫的合影，先生的确见闻广博！

作为德高望重的音乐泰斗，生活中的他却也有率性而纯真的一面。有一次在上海音乐学院，晚饭后本来要送先生去宾馆休息。走在初春的汾阳路上，淡黄色的灯光透过法国梧桐的树桠，把街道照得透亮，清凉的空气中透着春天的生机。先生兴致很好，于是问先生："要不要到酒吧坐坐？"本以为他会说有点累了，没想到先生爽快地说："好啊！"于是，古稀之年的先生与几个年轻人在酒吧畅聊了许久，先生兴致盎然，开心不已。2016 年 1 月初，我带先生和师母在广州海珠湿地公园赏玩，走一段路后，先生坐在凉亭椅子上小憩。远远看去总觉得他架的二郎腿有些异样，仔细一看，原来是上面的腿还绕了一下，两条腿像麻花一样缠在一起，甚是可爱，我尝试了无数次都没有成功，确是非一般人能做到。正在我奇怪之时，师母由此讲开了他们俩青葱岁月的故事，先生笑得像个孩子，师母脸上幸福如春，微风阵阵，吹开了一树木棉花，阳光下姹紫嫣红。

先生有一张照片，是在他家的客厅，他的儿子——作曲家、钢琴家高平老师弹着钢琴（听说是在即兴演奏），投入而忘情；先生侧倚琴身，一手肘撑琴肩，单腿支撑，一腿弯倚，闭目聆听，表情陶醉而享受。那一温馨而诗意弥漫的画面久久萦绕我的心头，令我感动！那是一种对儿子深深的爱，又不仅仅是，应该是一种超越一般亲情的，在音乐灵魂层面的父子情感，同时亦有一种发自内心的信任与欣慰。有一次陪先生去医院看望他的大姐，两位年近古稀的姐弟聊得甚好，老姐姐拉着弟弟的手，絮絮叨叨了很多小事情，满头花白的弟弟认真聆听，不时点头，轻声细语地回应着。先生突然转过身来指着他的上衣对我说：这件衣服是我海外的弟弟寄给我的……那种厚重的亲情，感人至深！

先生多次教导说：音乐创作就像戴着脚镣跳舞，既要给自己设置诸多的限制，使得作品的材料简洁而集中，又要让作品音响丰富而精彩；既要有技术又要有可听性。因此在创作中对于音乐材料、音乐结构的控制是至关重要的。作为理论家与作曲家，先生不仅在创作上讲究有条件的控制，生活中也讲究适可而止。先生喜欢在吃饭的时候喝些酒，但一定不多，喜欢吃的食物也是点到为止，开怀而不狂喜，忙碌而不疲倦。有一次，我的同学问先生：您是怎么样保持如此好身体的？先生回答两个字：节制！于是，同学回宿舍，将“节制”二字贴于床头，先生闻之开怀。

作为一位任教半个多世纪的教育家，先生的弟子遍布全球，有的成就斐然，成为著名作曲家，有的投身教育，成为或正在成为下一位先生。先生有教无类，对待学生一视同仁，只要肯于学习，必定倾囊相授。作为先生的弟子是幸福的！他知识渊博、

梁军与高为杰

治学严谨、思维敏捷、豁达睿智且视野开阔。教学上因势利导、循循善诱，再复杂的问题往往只需只字片语就能令学生豁然开朗，茅塞顿开。记得在我博士毕业论文与毕业作品撰写期间，先生多次或耳提面命，或远程讲解，一字一音都凝聚着先生的心血。大到论文框架、作品结构，细如标点符号、力度标记，先生都会认真匡正，一丝不苟。记得毕业作品最后定稿时，先生发来信息说：好了，就是记得检查第 × 小节竖琴的低音是否应该是 $^{\#}$c，我赶紧查看，果不其然，可见先生的用心之细。

作为先生的弟子是幸运的，先生的睿智不可复制，但他的乐观、勤勉、豁达、仁爱可以感染到每一位弟子，惠泽后生！先生教会我们，只要心中充满爱，就会心纯如镜，即便在寒冷的冬季，也会温暖如春！

谨以此文，恭贺先生八十大寿！祝先生福如东海，寿比南山！

梁军

华南理工大学艺术学院作曲教授

随恩师高为杰学习曲式之往事点滴

我1982年考入四川音乐学院作曲系学习。1983年，按照课程大纲，曲式课将成为我们的学习内容，而且我们这届的曲式课由高为杰老师教学。提起高老师的教学，川音作曲系的师生都是赞不绝口，所以我们班同学都非常高兴，异口同声道：太幸运了！

高老师第一次课带到教室的有一个卡式录音机、一本讲义，主要是一些乐谱和录音磁带（为了减轻老师负担，同学们选我做课代表，以后的每次课都提前去教务科借录音机）。第一节课的开场白高老师说：面对乐谱，曲式分析就如同面对一台机器，我们先要学会把每一个“零件”拆下来，并理清楚每一个“零件”的功能与作用；通过拆“零件”，我们就会看到音乐的材料关系和细节，并能追溯作曲家的思路；技术分析目的是化繁为简，而不是把简单的问题复杂化。高老师的这些观点，让我们耳目一新。高老师上曲式课有一个特点，不管讲解什么曲式类型，都会将典型曲式、非典型曲式的构成方式，以及构成的技术要领和细节介绍给大家，因此，同学们对曲式课都非常痴迷，视曲式课为作曲大课。有一个同学甚至感慨道：高老师的曲式课让我懂得了什么是真正的作曲。

上高老师的曲式课我们班也有“调皮捣蛋”的举动。当时改题课在一起上，高老师改题只是规定曲式类型，从不指定具体作品。其目的是希望每一个人分析的作品不同，起到扩大同学们了解作品面的效果。当然，要求是“你们都能一眼看清楚的就不要拿来了”。一天，我们班一位同学说，高老师分析过的谱子太多了，我们现在分析的他都知道，下周改题我们每一个人都去找一个复杂的谱子“难为一下高老师”。他的提议得到我们全班一致同意。那一周，我们花了很多时间跑图书馆，而且随时沟通乐谱不要重复，上课时拿去的有晚期浪漫、印象主义甚至还有20世纪风格的作品。这么多作品要在一次改题课内给出结构界定及理清技术细节自然并非易事，但依然没有难住高老师，他还夸我们这次找的谱子很不错。我们如实向高老师“坦白交代”了这次找谱子的动机，高老师说：其实老师并非什么都能面面俱到，教学相长才能共同提高，你们这种认真学习的态度应该保持。从此以后，我们每一次改题都认真准备，并将这种学习态度覆盖到所有课程。还有一次上课，高老师特别强调：同学们所提出的问题，如果我不能当堂回答，我一定如实告诉你们，我去学习以后再讨论，学生提出我不懂的问题，也是我学习提高的过程，所谓“教学相长”就是这个意思。高老师这种谦虚、严谨的学术态度，让我真正理解了什么是为人师表、学者风范。

1983—1984年，我随俞抒先生学习作曲，那一学年快结束时，俞先生同我聊到了四年级选择专业方向的话题，我告诉他，如果有可能我希望随高老师学习曲式。后经俞先生推荐（俞先生宽广的胸怀令人敬佩），1984年9月开始，我从俞先生班转到高老师处学习作曲，1985年9月（四年级）正式转到曲式专业方向。

转到曲式专业的第一节课，高老师告诫我：曲式专业也要继续学习作曲，一是理论与实践相结合，二是有写作经验，我们理解作品的角度、广度、深度都会不一样；并强调：学习的

田刚与高为杰

面要扩大，不只是注重形而下的分析，也要注重形而上的分析。我当年的课堂笔记本上清晰记录着高老师的讲课要点：“形而下的分析关注具体的音乐语言及其发展进程的所有细节；而形而上的分析注重形式化的抽象概括；曲式分析要注意音乐进程中所发生的音乐事件，并对这些事件进行解读；分析是一种创造，分析者要以音乐接受者的角色来理解音乐，并加入到创作与交流的审美大系统中；不要只是把技术分析当成手段，要运用技术分析的手段来认识、理解音乐，只有如此，分析才有意义。”

由此，我的曲式学习过程不但学习传统的分析方法，也接触申克尔分析法、十二音分析法、集合分析法等，同时还学习哲学、美学、心理学方面的相关知识。

转曲式专业方向的学习，当然就有论文写作，除了平时的练习外，高老师也会有意地给我提供一些机会。我印象非常深刻的有两件事。一是1984年11月，四川举办“蓉城之秋”音乐节，《四川日报》约请高老师就音乐节的新创作作品写一篇评论。高老师将这一任务交给了我，我内心非常忐忑，怕做不好，高老师鼓励我说，要有自信，这也是一种学习。后来这篇评论以《交响音乐创作的新成果》为题发表。二是四川音乐学院首届研究生毕业，他们的论文都是配器方面的内容，而且也是国内最早运用计算机进行配器分析的论文。答辩完成后，高老师让我写一篇综述，这篇文章以“具有开拓性和创造性的理论研究成果”为题在《人民音乐》1987年第9期发表。事实上，这两篇文章从选题、选择要点、文章结构，甚至部分行文，都是在高老师具体指导下完成的，但高老师都不署名，我问他为什么？他说：指导学生是老师的本分。后来我任教以后，所指导的学生在校期间发表文章时，也会提出署名的问题，我告诉他们，指导学生是老师的本分，这是师门传统。

当年，高老师家客厅墙上有一条幅——学如逆水行舟，不进则退。恩师一辈子都认真践行着条幅的思想，至今仍然屹立学术潮头。恩师敏捷的思维、渊博的学识，以及一举一动、一言一行都潜移默化地影响着我，在工作中我也力图传承恩师高尚的师德、师风，以此表达对于老师培育之恩的感激之情。

以此短文祝愿恩师八十寿辰安康幸福！

田刚

浙江音乐学院作曲系教授

缘梦

——我与高为杰教授情缘

时光飞逝，岁月如梦。与高教授相识还是在1989年“中央电视台民族器乐大赛”一起担任评委，恰巧我们被分配在竹笛评审组。在这30年间高教授一直为我们的竹笛音乐创作给予大力支持和辛勤付出。记得在1991年的秋天，我委约高教授为我创作一首“竹笛与交响乐队”的协奏曲，高教授与以往一样，一副微笑的面容正对着我说“好啊，我考虑一下”，在之后的一个月里就再也没有高教授的声音，我正在纠结的时候，高教授打电话给我了：“维良，作品写出来了，你抽时间过来看看，是否可行？”我顿时放下手头的工作，去高教授家里，进门第

张维良与高为杰

一眼就看到了总谱摆放在桌子上，高教授还在仔细查看总谱，就这样“大型竹笛与交响乐队协奏曲《别梦》”诞生了。1992年2月29日由著名指挥家谭利华执棒，中央乐团（现国家交响乐团）协奏，在北京音乐厅首演，获得在场观众、专家的高度赞誉！从此开启了我与高教授的情缘之旅！

在30年的时光里，高教授一直令我尊敬、爱戴！他治学严谨，为人师表，在民族器乐的创作上大胆探索，尝试各种可能性，不论是独奏曲、室内乐和民族器乐大乐队的作品，无一不体现高教授对创作的严谨、智慧和追求。例如：室内乐《韶Ⅰ》《韶Ⅱ》《雨思》，大型民族管弦乐队作品《乐队协奏曲》等数十部作品都能看到、听到、悟到高教授对民族器乐创作的深层思考，在早期室内乐《韶Ⅰ》作品中每小节4/4，旋律以3个八分音符为单位和其他不同时值的声部交织在一起，令多个声部得到充分的展示，凸显出民族器乐在音色上和整体声响的最佳结合，使音乐得到完美的呈现。正因为他有这样的一种思考和探索，改变了以往民族器乐室内乐作品以齐奏、一般的支声为主的创作手法的音响局限，使民族器乐的个性得到充分的展示。《元曲小唱（三首）》声乐与民族室内乐结合，同样展示了点与线、声乐与器乐的完美结合。在高教授的作品中几乎都可以看到他的精妙设计和创新的思考！

高教授除了在创作上精益求精，一直在不断探索中前行外，同时还乐于帮助和指导我们从事民族器乐演奏、教学的青年教师，期待我们具备一般的创作知识和能力，和作为一名老师应具备的师表之处。长期以来民族器乐的创作作品和教学内容严重匮乏，影响着民族器乐的发展，本人作为一名从事竹笛演奏、教学的教师，深感我们从事民族器乐演奏、教学的专家前辈，都具备自己“编编改改”的能力，可以丰富教学内容和舞台表演的曲目量，并使许多作品成为经典传世之作。高教授经常和我们在一起，并教我们一些基本的创作技术和一般常识性创作手法，非常耐心地一一给我们指导，使我在后来的创作、编曲以及音乐知识等方面受益良多，这种“传帮带”的良好风尚，是值得我们学习的榜样！

中国民族器乐要走出去，要让世人更多了解我们民族传统文化，这也是高老师长期思考的课题。记得在1993年春天我应法国长笛演奏家弗朗索瓦·布律(Francois Bru)邀请，赴巴黎参加东西方以“笛”为主题的音乐会。当时我委约高教授为我们这场音乐会创作一首作品，他毫不迟疑地答应了，大约15天以后高教授和我说“作品已经完成了，不知你是否满意”。当时我就想知道，会是一首什么样的作品。当拿到曲谱后，我惊呆了，他竟然能把中国竹笛与西洋长笛结合在一起，让我眼前一亮。《缘梦》乐曲素材由德彪西的《牧神午后》主题与中国传统经典乐曲《春江花月夜》的素材结合在一起，以传统题材“音调”，采用现代的创作手法，使二者巧妙地融合在一起，以竹笛与长笛二重奏的形式呈现。

乐曲引子采用竹笛传统演奏技法“循环呼气”，从低音笛最低音“D”音开始，从气息稳定到气震音自由变化的长音演奏，在数秒钟之后长笛以高出一个大七度“#C”弱奏进入。

谱例1：《缘梦》

音乐似乎在无声中诞生，古人云：“一生二，二生三，三生万物。”我理解为竹笛引子“D”音的出现为“一”，长笛的“#C”音进入为“二”，音乐的发展与技能的复杂多变为“三”。从音调上理解，开始竹笛的“D”音，在中国叫“宫”，在江南丝竹乐中为“小宫调”的主音，可谓中国调式的主音。可以理解为此曲的起源，也是中国音乐调式的主轴。数秒钟之后长笛奏出“#C”音，以德彪西《牧神午后》主题进入，可以说开始

就以中法渊源为点题，引子结尾出现《春江花月夜》的主题音调。

谱例 2：《缘梦》

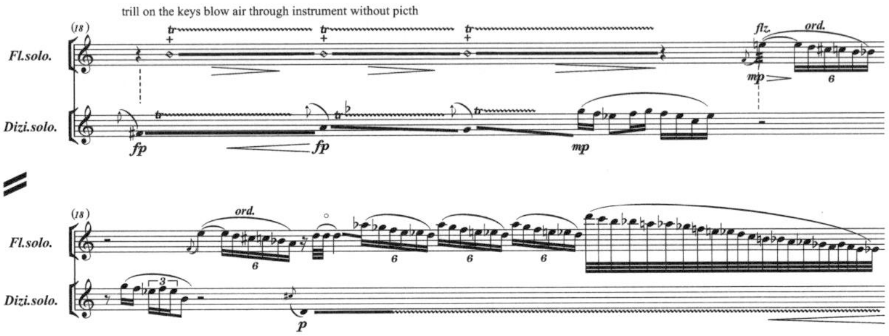

全曲除了在两种决然不同的文化上达到了融合之外，在调式上的对比、音色对比、阴阳对比、对立与统一等方面运用的十分巧妙。

同样在竹笛传统演奏技法的基础上，大大拓宽了竹笛的表现力。不论是音程、音阶还是节奏的复杂运用，都打破了以往的传统演奏法。

谱例 3：《缘梦》

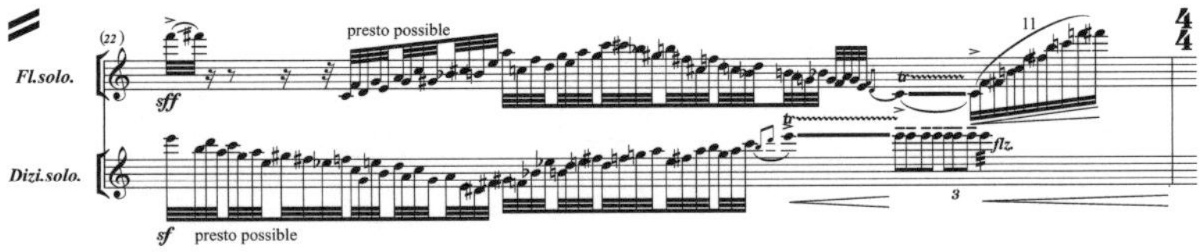

《缘梦》1993 年 5 月在巴黎举行首演，当地《欧洲时报》报道了“缘梦——中西方笛奏响塞纳河畔”，文中写道“开启了中法文化交流新的里程碑”。这首作品后来又在多个重要音乐会上上演，后又以竹笛与长笛和管弦乐队结合的一种新的形式与音响上演，曾在法国、美国、奥地利、加拿大、新西兰、意大利、泰国、印度等国家以及中国的北京、上海、香港等城市上演。

龙声华韵——高为杰作品专场音乐会（2014）
演奏：中国国家交响乐团
左起：张维良、张尊连和高为杰

通过与高教授音乐合作的形式，我感受到了丰富而难忘的人生旅程。

与高教授三十年的情缘，在一篇短文中是不能完全表达的，他对艺术的一丝不苟，对人的谦和包容，是那样平和、客观、淡化。回眸高教授几十年的艺术生涯，是令人敬佩的、丰富的、艰辛而又灿烂的。他为提升中国音乐的创作、理论研究付出了心血，给民族器乐的表现注入了更多可能性。愿高教授继续为中国民族音乐的发展创作出更多优秀作品！

在高教授八十寿辰之际，祝愿高教授幸福健康，明天更加灿烂！

张维良

竹笛演奏家
中国音乐学院教授

高为杰·音乐文化的知音

昨天，到武昌，竟遇下雪。

回京前暂住的理工大附近的武大校园内有两排建筑，自 28 年前在武昌帮习酒开武汉分公司时湖北的诗人罗公元带我看过之后，至今驻脑不忘。且还常在一些关于自然、地势、人文、春秋的话题，甚至是彰耀中国固态美学时，都会把它自豪地搬出来佐证。如我 2005 年前后陪四川美术学院的青年雕塑家刘景活去看被称为世界当代最牛建筑家集大成的“长城脚下的公社”时，在现场便认为此种建筑根本算不上什么奇迹之作，并告诉刘景活在武汉大学校园内那群依山势而造的建筑才算得上是奇迹。我去年 10 月 16 日在联合国总部的关于“中国当代艺术的国际化范式”的讲座中，再次谈到了这座建筑群的奇妙之处是暗合了中国道儒文化精髓的。

何为？因为文化故。

我不知道文化这种东西算不算是可以浸入人类心灵中最曼妙的秘密武器。

丁正耕　画

但它却许是一线没法言传只能意会的摸不着的游丝。

就像此处的龟蛇二山，虽南北坐于江岸，却是因伯牙与子期而流闻于世并令任何一个时期渴望知音的人们终身幻想着。一种人在现实世界中对人类真的幻想与祈求，使这两座山成了中国人渴望知交的凭证。

知音，说到底，还是文化与文化的认同感在各不相干的人群中的共通此在时态。即，知音，是一种文化认同。

我为什么跑来武汉，除了来看理工大的朱明建与湖北美院的魏光庆，还有两个人是想看的。一个是长春观的中国第一女方丈吴诚真，另一个是白龙寺的住持孝文师。对这一道一释的友人心存惦念，纯是因为互相间诗文的唱和与神交的缘故。

对了，这似乎又是文化。

我与高老师相识，是 20 世纪 90 年代初的事。我与高为杰相知，是因为音乐、诗及其文化本质的妙同。

我非常喜欢他面气中那种中国古代文人中的清拙傲溶的味道，也喜欢他作品中的忧惋纯真。他往往在一种宁静中横亘出一种气势，排山倒海，飞云翔雾，威仪万千又雄俊力拔，使你置身于规模宏大的市井生活，但又欣得净处的私乐愉悦，干净与高贵。面对文化及其精神绎述，他几十年是那样的孜孜不倦、持之以恒。

他的作品，是很文人气而又很“洋盘”的。听他的音乐，仿佛是在游历中国宋元溯春秋帝景与江河山海梅兰竹菊，览西东两河文明希腊埃及古典浪漫印象现代与后现代手制乐器与现代科技手段在声音中的绞织浣流。

“一枝香梅／半片月光／都是我们仅有的种子……香透的长安已成往事／今晚我要缅怀月色／让梅洁净／守身如玉”，这是我上世纪八十年代末的一首名叫《面对月光》的诗中的几句。我想，高先生的怀中，也定揣着“高贵的月华于幽谷深居”。

自知交高先生以来，我心仿佛就在此种意境中常常与他相见。不管是我游走在哪里，甚至是大洋彼岸的艺忙中，也不管是时处在哪一刻，高为杰这三字与他的影形都是钉在我身体上的钢铁，牢不可破的坚硬，必须要想着他的一切一切来。

记得上世纪末时，在高先生住苇子坑的房里，我们说起过我的抒情长诗《恶蹈》中关于庄子与幽灵的那部分。他的说，是发自内心的。像我那一气呵成的二万多行的诗，就是许多诗界同行也未必真看过。但高老师所说的若把那部分写成一部歌剧的说法，我却信是他真读过了后的想法。那天，我是内心中激动着走出他的家门的。作为一个诗人，与生命同等重要的呕血之作被我所敬重的高先生读过并说要用音乐的手段来再造，这无疑是一种至高无上的鼓励。我心，能不荡动？

但，我知这一切，依然是文化故。

高老师对庄子与幽灵的留意，我明白，是他对中国老庄之学与西方文化精神之髓践行后深思熟虑的结果，是对两种文化最锐艺术经典的敬畏的认同，是对中国文化精神哲学的尊重。

于是，从那时起，我在心中就视他为知音了！

后来，在我任业务主管的《中国音乐生活报》的第三版有个“世纪经典”的专栏，就是专为高为杰先生开设的。文中对所有音乐作品、音乐家的介绍，除了对作品自身有专业的解析，还有对作品时代境况中的文化精神资源的分析。就是现在高先生的微信朋友圈中的信息以及对音乐家及其作品和事件的介绍，也深透着一个音乐艺术大家对晚辈们文化普及的良苦用心。

这些的一切，依旧是文化的。

近些年，北京的“紫禁城室内乐团”代表国家在欧美的巡演，精彩之处就是把中国古代的音乐及其意境后现代化了。这种世界文化的可溶性是中国音乐巨大的进步，也让西方同行看到了中国音乐的高智才华。可不，这几天正在美国朱莉亚音乐学院公演的世界著名作曲家作品音乐会中，有两部中国人的作品，作者恰恰是高为杰先生与他的爱子——年轻的作曲家代表性人物，现任首都师范大学音乐学院作曲系主任的博导高平教授。

当然，这又是文化根脉的传承结果。

另外，由于近现代高男高音的稀缺，世界一些名歌剧中的此部分唱段已经从歌剧舞台消失很久了。正是因为高先生为代表的作曲家利用中国古诗词意境创作了不少此类声部作品，并由贵州师范大学的声乐老师肖玛教授在随“紫禁城室内乐团”欧美巡演中进行演唱，现在，世界乐坛上已经久违的名歌剧演出中的高男高音唱腔部分，又回到了舞台。

这，同样是文化的事。这种在中国音乐界开启先河的事，不仅于此。上世纪八十年代初期，在四川音乐学院成立了中国第一个先锋实验性音乐团体“作曲家创作探索会”，在我国高校首开先锋音乐之先河。受此影响现在仍提纲中国作曲界的重要人物，比比皆是。

这，当然又是文化的精神的力量。

中国改革这几十年光阴给中国带来活力与希望，也给人性带来创伤与扭曲，使中国成了最有故事的地方。在那些震荡与无奈的角落，艺术却显然是人们精神需要的解码剂。

文化及其精神，实质上是群体中重要的甚至是唯一的思想传接带。这种传接，只能在对这一问题有着共通认知的前提下才能成立。

我一生都痴爱诗及音乐，因而才在时代的边缘感知了高为杰先生精神领域中知心的柔处。

犹如此刻已下了两天雪的武汉，不知雪花圣洁的洗礼，是否正昭显出伯牙与子期的绝响。

龟蛇正动，我在楚地遥望京师，与高先生从50相知到80年诞，喜气相通……

细细想来，其实，高为杰先生的八十年人生的一切，就是一个真实的音乐文化的知音知己！

丁正耕

诗人、中国作家协会会员、著名当代艺术批评家
《中国当代艺术》社长、总编

良师益友，莫逆之交

——为高先生八十寿辰的点滴回忆

几个月前接到高平贤弟的电话，就高先生八十寿辰邀约我写一篇文章，荣幸之际即刻答应下来。提笔之间，常常想起与高先生的交往、聆教和聊天的情景。正如他的其他学子们，经常收到高先生在朋友微信群中发的“历史上今天”的名人经典故事，涉猎广泛的社会历史、文化和与音乐的趣闻和轶事。在感叹他不时地跟进现代信息和传送精神清茶之余，每每也感受到他耕耘不止，随时关爱和联系友人的温暖。在中国跨上世纪三四十年代至本世纪人文背景的著名作曲家、音乐教育家、理论家当中，高先生可以称得上是一位融儒家思想与当代人文思想为一体的代表人物。这一点，我不仅作为高先生的晚辈和学生有此感受，相信其他同辈和前辈也会赞同。高先生的广博知识修养，覆盖和跨越音乐疆界的睿智思考，德高望重的召唤力，和善的人品使他门下聚拢了许多当今的才子，感召了无数界内界外倾慕他学识和为人的青年学子和音乐友人。

最近一次聆听高先生的演讲和闲聊是在福州。在出席福建师大举办的第八届“京·沪·闽当代音乐创作研讨会”上，他向与会者演讲他多年来所创造的非八度循环音阶与数控方法在作曲中的创新理论与经验。无论是他的专题发言还是即席评讲，总是一语点睛破题，让与会者们茅塞顿开。

前年，因为先父遗作出版之事我请高先生写序言，高先生非常高兴地答应了，并很快寄给我即将由人民音乐出版社出版的《邹鲁两部管弦乐曲》总谱首版的序言。这里摘引一段：“邹鲁先生 1960 年从苏联最高音乐学府莫斯科柴科夫斯基音乐学院作曲系学成毕业后回到母校四川音乐学院作曲系任教。其后不久，我在川音也提前毕业留校工作，有幸成了我崇拜已久的邹先生的同事，而更为有幸的是他同意接受我的请求在他门下学习进修。与邹先生相处的那些年，我不但得到他作曲专业上的严格指导（我在 60 年代初创作的一些作品如管弦乐《歌与舞》、长笛与钢琴奏鸣曲《春花之舞》等，都是在他指导下完成的），同时我们也成为志同道合的好朋友。他既是我的严师，又是益友，是我人生中最重要最难忘的一段经历。”随之想起一年前，高先生曾发来他在 1962 年写的长笛与钢琴奏鸣曲《春花之舞》的作品录音，在台湾出版的个人 CD，很为那活泼、清新、充满青春气息和民族韵味的音乐而感染。高先生是 1957 年入学川音作曲系，而我父在 1955 年至 1960 年期间正在莫斯科柴科夫斯基音乐学院学习，当他回国时高先生已经是一个以优异成绩而提前毕业留校任教的青年作曲教师，所以他们虽然错失了几年的交往时间，但整个 60 年代，他与先父既为同事又为师生的经历常常也唤起我的一些记忆。

“文革”结束之后，我请高先生帮我清理过一次先父遗留下的乐谱，因为是俄文的，高先生依然郑重地把一些我认不出的乐谱告诉我并标记出来。在学校中，听他课的学生特别多，我听过他的很多不同年级的课程。我拿作曲习作请他批改，他每次仔细看后都会提出一些有意思的意见，我的钢琴曲《侗乡鼓楼》请他看过，他提出了很重要的几条修改意见，对作品的改观大有帮助。他吸收我加入他在川音发起和组织的“作曲家创作探索会”。我记忆犹新的是，他主讲一些现代作曲家和理论的问题，分析一些作品，主张每个学生可以就一个作曲家进行研究和介绍。在整个 80 年代，川音的学术研究气氛十分浓厚，我因此获益不小。在读研究生那一段时间，我在他那里上曲式分析的小课，每次都分析一两部作品，高先生经

邹向平与高为杰

常兴致勃勃地介绍他的新方法，有时候像发现新大陆那样介绍他在新作品中的用法，如用纸做的圆盘来计算十二音音组的交替与配对，用起来十分方便。大家都喜欢与高先生交谈，除了他的博学，主要还是他总是像年轻人那样对新技术和观念着迷，并津津有味地去研究。有时我心里也不免为“文革”中的恶作剧心里打鼓，但他毫不怪罪我，反而一直非常关心我。在研究生阶段高老师因为有事没有去参加与市里舞蹈家协会组织的一次创作采风活动，转而推荐我去，这一次机会成为我与我的妻子相识的良缘，高先生玩笑地称这次机会无意促成了一对恋人，他成为牵线搭桥的“月老”。

1990 年后高先生调到中国音乐学院，我只要一有去北京的机会，一定是到他家中看他，在他那里总是会有很多的信息和龙门阵可摆谈。当我结束在美国的访问学者之行后，有一段时间他极力争取我去北京工作，安排了我在中国音乐学院的专家中试讲，目的是希望我能调到他身边工作，虽然后来由于一些其他原因没有成，但说明他一直对我十分关心和重视。但凡有好的机会，高先生总会推荐给我，比如四川大学准备策划建立艺术学院中的音乐专业，有人请他，他就推荐我去。2012 年我们举办成都“秋之韵现代音乐节”，第一个想到的也是请他回来指导。他一有机会回到成都，就打电话告诉我他回成都了，然后许多他的学子们一起在他住的宾馆里相聚。2016 年，在我们“五棰半”微信平台开始运作的时候，我也是第一个想到请他做我们的顾问，并首发了我采访他的文章，理由很简单，高先生是当今中国音乐界对作曲和作曲教学、技术理论、评论最具权威性的一位专家。他总是以身为楷模，精力充沛地活跃在国内外的音乐论坛中，并将传统和当代艺术进行多维度的联系。我们在他身上过去曾学到，现在也应当如 80 年代那样，青春朝气地不断探索新知，寻求新的媒体形势下音乐生活的空间。

我一直试图找机会向他做一个认真的道歉。他很少对人提起在“文革”中遭遇的青春之难和家庭之难，但我仍不时有羞愧的心情泛起。当我提起这事，高老师和罗老师异口同声地说：“咳！那时你还是个小孩子，不懂事。”然后总是笑嘻嘻谈起那段往事。孔子说，“人不知而不愠，不亦君子乎”，无知者不怪，高先生就是具有这样的儒家高尚情怀和可敬修养的人。另一层应该学习的，是他念怀友人的友谊，他对跟他学习过的所有的学生，无论他们怎样的处境，好境遇还是坏境遇，不利还是有利，总是给他们提供可能的发展机会，总是通过他的帮助去传播爱和友谊。这就是我对高先生最深刻的印象。

借高先生八十寿辰之际，在这里衷心地祝愿他生日快乐，健康、愉快和长寿！

邹向平

作曲家、四川音乐学院教授

师缘

——写于高为杰先生八十寿辰之际

自 1983 年，我入读四川音乐学院作曲系时，高为杰这个名字就在一个同样的地方闪烁着……那个时候，只有作曲系的学长蓝光明（“文革”后川音作曲系首届研究生），敢直呼高先生，我只能叫高老师。偶尔，在川音足球场边的林荫道上遇见，他高大、瘦削的身躯，就像一棵树，快速地迎面而过。回望时，他那带有乐感的披发特别有型，些许空中飞逸的发丝，透发出他脑袋里无穷的智慧与能量，留下了敬畏。同学们称这一发型叫“西贝”（芬兰作曲家西贝柳斯名字的简称），当然，这是同学们私底下对他的尊称。

我上大一时，公共课多，加上时间上也有冲突，没能全程去旁听（蹭）高先生给作曲系 82 级讲授的“曲式与作品分析”课。但，尽量不放过他们课后的作品研习与讨论，有时作曲系三楼的琴房里，蹭课的同学多了，就从琴房延伸到过道中，高老师也坐在近门口的位置，照应到里外的同学。我站旁边看着同学手中的乐谱，仔细聆听高老师津津乐道地分析与讲解，让我想起在文工团时“偷艺”的感觉。实际上，当时只是一知半解，略知一二，但，学到了高先生分析的思路与方法。因此，我对贾达群、田刚、龙德云、杨光和陈鲜义同学们的福利，是又羡

川音作曲系 83 级合影，后排左起：陈电雄、彭涛、昌英中，前排左起：庄建华、沈纳蔺

慕又嫉妒。直到 1985 年，我们 83 级调换主科作曲课老师后，心中的那份遗憾才得以释怀。最后的结果是：庄建华、李凡（大二时由钢琴转作曲）分到黄虎威老师门下；昌英中、彭涛、陈电雄和我分在高为杰老师门下，我们四人成为高老师在四川音乐学院所教的最后一个作曲班的学生。

在过去 32 年的师生缘中，与恩师之间的种种可讲的事，实在是太多、太多了……这里，仅回顾一件影响我终生的事情与读者分享。1988 毕业留校，我先在音乐研究所做“音乐美学”的研究，后任教于音教系，不是作曲系，心里不甚了然。虽然，自己的作品在国内以及美国的作曲比赛中获奖，也在《音乐创作》发表，但还是在三年不到的时间，逮住 1991 年广东省广播电台成立音乐台的机会，正式调去了广州，开始了一个与音乐有关，但与作曲无关的职业：交响音乐节目的编辑和主持。在两年的电台生涯中，自己设计、撰写、编辑与主持了许多节目，如《交响热线》（听众热线节目）和《音乐家谈自己》（现场采访音乐家节目，采访过如李德伦、钱仁康、吴祖强、俞丽拿等中外音乐家）。另外，音乐台与广州交响乐团合作举办了“1993 广州新年音乐会”“首届全国指挥比赛”等，也都是全国首创。两年下来，我在广东音乐台做得也算风生水起。1994 年初，高老师来电话说，受新西兰维多利亚大学音乐学院教授杰克·波蒂的邀请，他与上海音乐学院的何训田（原川音的老师）一起，去参加第二届“惠灵顿 1994 南太平洋亚洲艺术节”，将取道广州去香港直飞新西兰。这样，在转机的行程安排中，来回都有时间在广州住两天，这让我非常高兴。当时，广东电台为全国招聘来的新人，用办公室改建了单身宿舍。我与当时还名不见经传的窦文涛、李阳、李威、远山和杨新威等同住一楼。我有

高为杰与学生沈纳蔺在广东电台音乐台直播室合影（1994）

11平米长条型的房间，在贴窗纸的下方横置放一个榻榻米，进门放着冰箱、洗衣机、钢琴，屋当中设一小吧台和围棋方桌，一边立放一块从红原草原搬来的玛尼石，上刻“扎西德勒”，没有沙发，席地为座。自己认为陋室有点艺术感觉，斗胆请高老师在这里下榻。没想到，他欣然应允，我欣喜不已，得意迎合到了老师的味口。

照片可见当时高老师正是资深中年、才高气宇、风流倜傥，且谈吐文雅，又满腹经纶。有这样的老师来访并在此一坐，在这帮小资青年面前显摆，不要说，当时我心中的骄傲也是可想而知的。当然，这样也方便我照顾他在广州的饮食起居，如早餐：鱼片粥、蒸肠粉；晚餐：四川火锅、菠萝鸡煲轮流上，啤酒、大曲酒不在话下。同事、朋友经过闻到满楼道的香味，鞋一脱坐下来敬高老师一杯酒，只要话题转向音乐、作曲，嘿，那就是海阔天空了。更让人难忘的是，邀请高老师在《音乐家谈自己》节目中接受现场采访，整个节目过程就像是在演奏一支长、短句的逆行卡农一样。开始主持人的话长，被采访的高老师话短，可待进行到过了轴心后，高老师的声部就开始可动对位了，自然而然中声部开始交换，也随着他教师职业的惯性，低音声部就变为高音的旋律声部了。在接听热线与听众的交流中，也是回应自如，品乐、论乐，节目现场气氛可谓有声有色，妙趣横生。当晚的节目结束时，还与听众约定待高老师从新西兰返回广州时，再上《音乐家谈自己》与大家见面。

一周之后，高老师如期返回广州，又被请上《音乐家谈自己》节目。可以想象，对已经熟悉的听众，就像面对上过课的学生，高老师带着参加艺术节的兴奋，以饱满的情绪介绍了“惠灵顿1994南太平洋亚洲艺术节”的盛况，也播放了他的作品。特别是讲到艺术节中，多元文化展演环节更是高潮。那是由来自岛国和亚洲不同种族、不同文化、不同音乐风格和表演形式的Ensembles组成，在露天的公园中，在不同的区域同时进行，观众自己选择感兴趣的演出。高老师就像直播现场，让听众感受到的是艺术节的祥和与欢乐，音乐的自由表达与跨文化的百花齐放。当晚的节目之精彩，深深地感染和吸引着我与我的听众。

第二天，也就是高老师将要返回北京的前一天，我兴致勃勃地陪同他去广州水秀山清的著名的越秀山散步。我们边走边聊，我很兴奋，高老师则不然，在想事情。返回之后，他与我进行了一次谈话。高老师说："你就是憨厚，也不想想，我刚从新西兰回来，带我去越秀山公园。"我想，老师在暗示我的短视、做事考虑不周。后来，他语重心长地告诉我，在广播电台工作，做推广、普及严肃音乐，也是极有意义，也很重要的，国外也有不少有名的作曲家也在电台做事。很明显，高老师当时的话是在安慰我。但是，他接着说，如果你想要作曲、继续学习的话，可以考虑去新西兰。那是一个很美的国家，地处惠灵顿的维多利亚大学音乐学院很不错，杰克·波蒂是一个非常好的作曲家与老师，可以去继续跟他学习深造。我深深感动高老师的谈话，思考我的前程。我当即接受了他的建议。于是，高老师当晚就给我写了一份英文的推荐信。

其实，我在电台的目的，或者说理想，是推广和传播当代音乐。但是，有一件事，让我的锐志遭受挫折。那是一次做专题介绍斯特拉文斯基的《春之祭》节目后，收到听众来信道："请不要在社会主义的电台里播出这样的噪音。"是的，"世界那么大，我也想去走走"。尤其在那样的年月里，真想出去见识一下人家西方人是怎样"玩"现代音乐的。高老师给我的推荐信，我握在手里好几年，到了1999年初，我辞去了奥克兰AM990电台的工作，带着妻儿移居首都惠灵顿，做好重回大学校园的准备，才将那份珍藏的推荐信交到了杰克·波蒂手里。他看着我，脸上呈现出杰克式的慈祥微笑："Well, you can start studying tomorrow!"（欢迎，明天就可以开始你的学习！）我说，好的，我准备好了。就这样，我再次进入音乐学院深造，以优异的成绩获得研究生文凭，并获得维多利亚大学的博士奖学金、新西兰国家"光明未来"奖学金，成为该大学有史以来第一位华人作曲博士（PhD），也是杰克·波蒂教授培养的唯一的作曲博士。

后来，更有缘的是，我的两位恩师重聚惠灵顿，在第三届“2007惠灵顿南太平洋亚洲艺术节”开幕式之前，两位恩师、高平和我，在新西兰国会大厦前，留下了这张具有历史意义的合影，成为永久的纪念。

左起：沈纳蔺、高为杰、杰克·波蒂、高平（2007）

我是幸运的，知遇高为杰恩师，又经他引荐杰克·波蒂这样的恩师，是对我人生的恩惠。恩师们的做人之道、为师之道，让我终身受用。而今，支撑我为人师表的，即是“高山仰止，景行行止”的楷模。

这，便是我的师缘。

沈纳蔺

作曲家、浙江音乐学院特聘教授

人生楷模　学问导师

人一辈子中总会遇到为数极少的几位对自己影响很大，且一生都受益的人，高为杰老师之于我，就是这样一位在学术上引领我，在品性上影响我，在事业上鞭策我的先生。

记得初入四川音乐学院学习时，对高老师是十分的敬仰。他与唐青石合作的《草地往事》获奖于第一届全国交响乐比赛，在四川名声大振。那时先生年富力强，对他的记忆至今深刻：高挑的身姿、轻盈的步伐、犀利的目光、睿智的思想、潇洒的谈吐、热情的态度……他善于施教、乐于助人，博学聪颖、才气横溢，吸引了众多的年轻作曲专业学生，追随者无数……即便不能作为高老师的学生，就是能旁听他的上课，或得到他当面指点一二都是那时四川音乐学院作曲学子们的荣幸。

当年高老师的“曲式与作品分析”课，简直是学校每周的大事件，一早各路学生，包括大量进修的、旁听的、高年级的都蜂拥而至我们上课的教室，用书谱、笔记本、书包、茶杯（四川人喜欢喝茶，即便上课都自带茶杯）等占座位……而我们几位正式授业学生则通常跑到先生家门或者教室门口迎候先生，帮助先生拿点授课教材、书谱、录音机和磁带等（那时候上课的音频资料就是录音机和磁带），每当我们几位学生拥着高老师进入教室时，所有的听课者都伫立目视，我们心里的自豪感油然而生：我们是高老师的入室弟子！嗨！这是当年很真实的写照啊……

我有一个很深刻的印象，就是当时川音有两位老师上课很特别，一位是上西方音乐史的俞抒先生，另一位就是高老师。他们俩的特点就是：第一，上课时总是西装革履；第二，上课用普通话（基本是海派普通话，因为两位老师都是上海人）。这两个特点在当时的四川高校，特别是在四川音乐学院还是显得非常特别（因为四川人的乡音很难改，那个年代课堂用语都是四川话，直到新世纪后，似乎才慢慢与全国接轨，改用普通话——严格来说，还是“川普”）。我曾很小心地问过俞抒先生，为什么要这样的风格，他很理直气壮地说，在大学施教要有规格，讲授音乐要有腔调。规格就是规范、规矩，腔调就是要有贵族气，（突然小声地）因为音乐是高贵的。授课穿着正式的服饰和讲“官话”则是这两者最起码的外在表象，这点都不能做到，其他就不用再谈了……由于上课的礼仪和形式感强烈，所以在高老师的“曲式与作品分析”课堂上自然就有一种很浓厚的学术氛围，加之先生伴以“字正腔圆”的“半海半川”

2000 年贾达群与高为杰在上海

普通话，其逻辑清晰、睿智理性、旁征博引，有时幽默诙谐、妙语连珠，使包括我们在内的许多作曲（音乐）学子受益匪浅。该课程帮助我们奠定了非常扎实的音乐理论基础和传统作曲的功底，也为我们以后的音乐探索和发展埋下了伏笔，做好了准备。

在中国专业音乐院校中，有一批非常值得我尊敬佩服的老师辈先生，我认为他们都是大师级的人物。比如上海音乐学院的丁善德、桑桐、陈铭志、杨立青、林华、赵晓生，中央音乐学院的吴祖强，四川音乐学院的黄虎威、高为杰等。他们有一个共同的特点，就是作曲与理论并重，科研与教学共举。这些先生在中国专业音乐院校特有的学科建制和学术环境中修炼、积淀了自身丰厚的学养，并外化为各自独特的教书育人风范和高超的科研创作水准。他们著书立说，他们作曲言志，文曲互通，相得益彰。他们是中国音乐界最有才华和水平的资深群体，他们的存在及成就是中国作曲与作曲理论学科最宝贵的财富。

高老师长期从事“曲式与作品分析”研究，而且是以作曲家的视野，从作曲的角度来研究音乐作品的形式结构，所以他的研究思路和方法总是非常清晰、准确并直接地切入作品的关键。他授课最大的特点是，言简意赅地阐释出曲式理论的核心概念，但在具体作品的分析过程中，总是从作曲的程序和方法入手去寻找该作品与这个概念的不同之处，时刻提醒学生理论与实际作品之间的差异和区别，同时也在用经典作品的例子教会学生如何在结构总体原则的框架下进行个性化的结构创新。我认为，高老师对音乐作品的结构探求和形式研究之思路与方法在中国是独树一帜的，并为中国音乐分析学科的建立和建设奠定了坚实的理论基础。从作曲的角度来研究作品，不囿于过去理论的条条框框，理性睿智地处理理论逻辑与具体作品特质的关系是音乐分析、结构研究必须坚守、尊崇、立足的基础。

高老师在理论研究方面的贡献有目共睹，从 20 世纪 80 年代中期的体系化和声理论之作《和声力学研究》，到后来的个性化作曲技法《非八度周期音阶》等，无不显示出他深厚的学术功力和天才的音乐创造能力。高老师一直提倡音乐创作中感性和理性的平衡（用高老师自己的话来说就是“博弈”）。在强调观念和理论之于艺术创造的重要性和绝对基础时，高老师还非常重视创造中的例外和自由。他经常用各种层级的原则来说明如何处理这些问题，最根本的一句话就是：小原则要服从大原则。在音乐创造中，最大的原则就是音乐本身，所有的原则和理论都是为音乐服务的。因此为了音乐，所有的规矩都是可以破的。其实，每个作曲家创作的时候都在原则之间徘徊、选择，只有达到相当高的理论水平、具有深厚的理论积淀以后，才能真正获得作曲上最大的自由，并对这种自由做出令人信服的诠释。正所谓“无为而为，无法乃大法”。

在作曲上，高老师是一位非常认真严谨的作曲家，对作曲的技法及形式非常考究，从不马虎随意。即便有时他声称自己某部作品一气呵成，信手而得，那也是功夫到了自然成的结果，绝非随意而为。高老师的音乐创作不仅是可听、经听、想听，而且是可以，并经得起分析的上乘之作。记得在研究生学习阶段，我对现代作曲技法很入迷，一心追逐新的音响。记得我在写《第一弦乐四重奏》时，为了表现一些新的音响效果，最初的手稿用了很多偶然音乐的写法。我希望这些复杂的音响效果通过演奏员“即兴式的偶然方式”在我大致设定的程序中来获得。高老师看后，语重心长地对我说：我希望你做一个“功夫派”作曲家，所有的复杂音响一定要在内心听到，并通过精准的节奏时值和音高关系将其写出来。不要把创造音乐的工作过多地推移到演奏家身上，否则就失去了作曲家存在的价值。演奏家不可能与你的每一个想法一致，“偶然音乐”记谱导致其最后的音响效果或许有可能与你的想法差不多，但与精准复杂记谱出来的音响意义完全不一样，因为在后者中，作曲家的价值得到了体现。这些复杂的声音不仅是你自己追求的，而且也是你自己将其精准地用谱式表达出来的。他的这番话对我的影响非常深远，鞭策也是巨大的，几乎成了我音乐创作的座右铭。后来这部在高老师严格要求下写成的弦乐四重奏不仅获得了国际室内乐作曲比赛的大奖，而且还被西方音乐学家称之为“中国结构主义作曲的代表作”。

高老师是一个活到老学到老的人，他兴趣广泛，涉猎众多。有一件事情亦使我终生难忘。由于我当年是以音乐美学师资的身份，而不是以作曲师资的身份提前留四川音乐学院任教的（对美术、文学、哲学的喜好也使我与高老师有了更多共同的语言，能够接受他更多的教诲。另外，我是在大学三年级后就被四川音乐学院当时的文艺理论教研室主任韩立文教授发现并提携培养，内定为四川音乐学院音乐美学教师的），所以，在我的作曲硕士论文里面，运用了包括苏珊·朗格等人的音乐美学思想来阐释音乐结构的问题。有一天，高老师从衣服口袋里掏出一本红皮的小笔记本，对我说：你的论文涉及美学、哲学，非常好，这本笔记你拿去看看，里面是我近段时间从报刊文摘上抄录的一些我觉得很有意思的与艺术有关的哲学思考和论述，以及一些好的文章，或许对你有启发和帮助……我特别惊讶也很感动，并从心底里佩服先生。作为老师，他永远在专业的精深和知识的广博方面给我们做出表率，使学生们在音乐以外的许多领域仍能得到他的指点和教诲。高老师这本笔记本上抄录的美学文论对我的学位论文答辩的确帮助很大。

高老师对学生的关怀和支持是一贯的，在我也为师任教近三十年的岁月里，无论是我的教学、科研、创作，还是行政管理工作，都得到高老师一如既往的大力支持、帮助和指点。也可以说，我的成长、进步和所取得的所有学术、艺术，乃至行政管理上的些许成绩都与高老师分不开。在高老师八十大寿的喜庆日子里，我借此短文对高老师说：此生能作为您的学生，我感到幸运，尽管我很愚笨，但在您身边学到了很多启发心智、受用终身的观念、思想和方法；我感到骄傲，因为您的业绩注定要在中国近现代音乐史上被浓墨重彩地书上一笔，而我师出高家名门，自信豪情油然而生；我感到压力，因为您的教诲赋予我们对音乐之艺术、学术，乃至中国音乐事业的发展以不可推卸的责任，我们将与您一道，并代代相传，为音乐艺术、学术的进步，为中国音乐事业（包括音乐教育、音乐创作、音乐理论）的进步勤奋学习、努力工作、永无止境！

贾达群

作曲家、理论家

上海音乐学院二级教授

印过留痕
——基于高为杰先生的人格素描

事物在宇宙间的运动是受多种合力的结果，事物有自我不断超越的动力仅仅是前进的内因。在其发展、旅行的过程中始终受到来自星球的引力，以及大气环境的各种阻力。人生的轨迹莫不如此，人的旅途有高有低，有起有落，最终也是呈现一条抛物线。人们都想让属于自己的抛物线尽可能完美，峰值高，射程远，覆盖宽，但最终的结果都不尽如自己所愿。过分想追求人生峰值的人，由于忽略了向远冲刺的动力，过早落到地面，还有的甚至掉入海平面以下的洼地，最后竟然以难以想象的人生负数终结自己；还有一些人向前冲刺用力过猛，没有顾及自我高度的修为，最终因为人生高度不够，同样不如所期，过早落到地面，倘若惯性有余还可能摔一个鼻青脸肿。可见，人生留世的痕迹，对人类社会的贡献，相当大程度不是以个人意志转移的，人们需要去不断的自我修为，找到一种适于社会，又适于自己的一个度。才可能书写出较为完美的人生轨迹。那么，这个度在哪里？如何去找呢？以下借由高为杰先生在已走过的八十年人生旅途中，踩踏出来的一条属于自己的人生履历中整理出一些值得我们借鉴的经验和成果供读者学习研究。

高先生1938年5月生于上海一个非音乐家庭，高中二年级（1956年）萌生当作曲家的冲动，先购书自学，后得到上海音乐学院作曲系主任邓尔敬教授短期指导，1957 年考入四川音乐学院作曲系，踏上专业作曲的道路。受政治环境影响刚完成大三学业，1960 年就提前毕业留校任教，至今已有五十八年高校教龄。

可见，高先生即使与同时代的音乐同行比较，也不属于“根正苗红”的一类人。在环境与学历资源、学术氛围都不尽如人意的情况下，没有音乐世家的背景，没有早期童子功的基础，没有中直院校的优势与关爱[1]，更没有海外留学的经历。但是，高先生的艺术青春长盛不衰，创作激情涌动，递薪传火桃李天下，学术求索勤耕不辍。五十八年的高校一线教育培育了无数业界精英、后起之秀；五十八年的砥砺创作，技法更新，体裁拓展，佳作层出；八十年的不懈求索，学术论文过百，学子过千，直接与间接地影响了更多青年才俊……更重要的是高先生仍然在耕耘，丝毫没露倦意，还是那样的睿智、健谈，仿佛岁月没有给他这台艺术永动机带来丝毫的磨损，他还是那样的青春昌盛，让我们充满期待。谁能说高先生的成就逊色于任何同道者？

从本质上看，高先生是一位受中国传统文化熏陶，善于继承，主动调整，崇尚自然本真文人气质艺术家的典型代表。而这些传统文化思想在一定的特定时期是被有些人丢失或轻视的。这与薄古厚今，充斥着浮躁行为，浮躁思想，武侠、言情、痞子、享乐等庸俗文化的某些当代文人有本质的区别。文化功利性会侵蚀人的意志，让部分艺术家难以找到具有独立人格意义的自由发展之路。进而使其要么急于求成，好高骛远，谋划一些不切实际的远大目标，空想意淫；要么想尽办法把自己伪装成专家学者，大师下凡，沽名钓誉。而高先生的履历中找不到一句高大空洞的口号和自我赋予的警句使命。他从没有刻意追求成为音乐教育家，而是从一点一滴积累，抓好关键细节。还是青涩男孩就被赋予重任，站上了三尺讲台，开启了专业高校教学生涯。经历政治风云，被剥夺教学资格，下放劳动，失去的经历更让他珍视再度教学的权益。认真备课讲解每一门专业基础课，因材施教批改每一位学生的作业与作品。成绩积累，业界认可，几次得到学校破格晋升职称。从普通教师到副主任，从图书馆馆长到作曲系主任，由硕导到博导，由四川音乐学院到中国音乐学院，到成为北京市名师、国务院政府特殊津贴专家。一步一个脚印，积土成山，积水成渊。现已成就大业，桃李千里。高先生以身作则诠释了道家始祖老子名言“天下大事，必作于细”之道理。生活中不乏以开拓疆土、拯救历史、创立门庭、传播家学为己任的狂人艺术家，他们只热衷于做“大”的事情，期盼立大志成大业，却不能受大苦；他们刻意去求大德，谋大计，却没有脚踏实地干实事；他们以德的名誉，以改革家、掌门人的名号，热衷于对个别人施小仁给小惠，搞“有求必应”，拉帮结派培养自己的权利基础、学术霸权土壤，利用自己的话语权营造一个短期繁荣、表面光鲜的动漫世界。却不知这种小惠于人、失德于民的招数只能建立起海市蜃楼的虚荣。这种好高骛远、精致利己的表演始终就是一种表演，终会被历史遗弃。

作为作曲家的高先生以小见大，无为而治。在他已经注释编号的五十余部作品中，涉猎交响曲、交响诗、协奏曲、交响叙事曲、大型室内乐、民族管弦乐、组曲、室内乐重奏、舞蹈音诗、舞剧、民乐与西洋管弦乐、艺术歌曲等体裁形式。时间跨度六十年（从1958创作的钢琴小组曲《孩提时代》到最近在美国首演的作于2017年的大提琴与钢琴《思蜀》），多数以中国传统诗词文学为蓝本或标题，还有一些以西方曲式“奏鸣曲、交响乐、协奏曲”冠名。没有“XX人类灵魂工程师、改革家、创造者，纪念XX宏大活动庆典，XX史诗，XX艺术家的回答，语录歌”之类高大上标题的作品。他用一以贯之、持之以恒的行动在践行着自己的态度。不为时事所左右，不为政治所捆绑，不为时尚所迷惑，始终保持独立艺术人格的行事风范，难能可贵。立身行事、处世为人的品格渗透于独立艺术作品之中，这是文人之幸、艺术家之福。以传统文化为学养，借文学名著来引入，自我回归、精神解放、人生解脱。抵御后天迷乱困惑，戒除妄心偏私杂念，沉思冥想，禅悟体验，化妄为净，化繁为简，营造出自净其心之境，几十年悠然自得，想我之所想，干我之所干，随本心驰骋，发自己的声音，创自我的作品，以小见大，无为而治，积少成多，道法自然。然而作曲家自己却说“诚然，我是一名职业的音乐家，作为一个热爱音乐的人，为此我感到幸福，因为我可以整天生活在音乐中。但作为一个作曲家，我却经常感到苦恼，因为我对自己的创作总是感到不满意”。[2]这是艺术家自省和坦诚，自觉超越的内在动力。

身为理论家的高先生博观约取，取之精粹。出版专著四部，发表作品五部。发表权威核心论文 25 篇，核心 46 篇，CSSCI 刊物及报纸 94 篇，共计 165 篇论文[3]。自创了“音级集合配套”“十二音定位和弦”“非八度循环周期人工音阶”三个创作技术体系，突破了八度周期循环限制和传统音阶的结构，创立了原创性研究成果“和声结构力学”理论，并付诸大量的作品创作与实践，通过理论与实践相结合的双循环求证、检验，能动地指导其自身不断地学习、进步、创新、升华、超越……

高先生曾经给我说他编著《二十世纪音乐名著巡礼》的经历让我记忆犹新。1995 年受四川省科技出版社主办的《视听技术》刊物邀约，高先生为其撰稿书写介绍二十世纪音乐名著，杂志以“追踪视听潮流，评价视听新品，传播视听文化，服务视听爱家”[4]为己任，横跨技术与艺术两个领域，向音乐爱好者、音响发烧友推荐视听世界的最新成果和基础知识。为此，他们邀请曾经在川音工作，此时已经担任中国音乐学院作曲系主任的高先生在其“世纪回眸”栏目上连载介绍宣传二十世纪新潮音乐的论文稿件。因其是月刊，要求作者尽可能满足每月一篇五千字左右介绍二十世纪著名作曲家代表作品的文章。这个时期，二十世纪的现代音乐热潮在国内还处于方兴未艾之际，国内业界急切需要继续打开国门，引进介绍国际先进的思潮，流派。但是，国内各专业院校、研究院所、大型图书馆这类图书音像资料都还相当有限，仍然不能满足国内业界同人以及广大艺术爱好者的需求。正是基于这样的情况，发挥自 1983 年在四川音乐学院创建“作曲家创作探索会”[5]十几年研究现代音乐的经验与积累，先生答应了杂志社的要求。在还没有用电脑打字，参考材料不足、音像资料有限的条件下，利用繁重教学工作之余，听音响找感觉，备资料研总谱，如痴如醉苦中求乐。杂志要求的每月一篇五千字左右的文章就是学习心得、月考汇报。先生每月一次在桌面放上十页印有信笺格子的文稿纸，提笔书写答卷，写满方格即约五千字，交稿过关。自1995年第一期开篇，没想到坚持了十年。其后因各种原因，未能月月更新，到2005年第三期，总共连载了41个系列79篇论文推荐。2001年把高先生其中的协奏曲卷编撰成册交由上海音乐出版社出版发行。高先生用行动注释“为学”，旨在每天不断地丰满知见，精益求精；“为道”重在与日剧减，从纷杂的万事万物中把握其本质，去伪存真，顺应自然，终将迎来功到自然成的无为境界。

高先生几十年如一日从未去刻意追求大德，反而有德；沉下心来做实事，把该做的做好，没有刻意做引路人，历史却赋予了他领路人的职责。没有空谈大抱负、大志向，只求明心见性、回归本真，生于斯长于斯，日复一日年复一年的播种耕耘，却迎来桃李天下，著作等身。没有大红大绿、龙争凤斗，但是中国文人之风骨跃然纸上。没有见风使舵、圆滑讨好，却一生追求学术自主、创作独立，为后生树立起人格统一的榜样。

这是高先生一笔一笔绘制出的自画像，是一幅生动的学习研究教本。会为后生提供参照、学习、导航、前进的方向……

① 只有上音、中央院有此地位，川音属于文化部管辖的地方院校。

② 引自吴春福《高为杰先生的音乐生涯与艺术成就》，《人民音乐》2005年第4期。

③ 引自卢璐博士论文《高为杰现代音乐创作技法研究》附录1“高为杰音乐作品统计”，附录2“高为杰专著、论文发表情况统计”。

④ 参见《视听技术》杂志简介。

⑤ 这是中国历代音乐史上第一个现代音乐团体。高为杰任探索会会长。

肖武雄

作曲家、理论家
首都师范大学音乐学院教授

文化的符号、灵动的声音

——高为杰教授音乐创作与作曲理论在西方学界的受融与传播

近年来，我开始关注中国当代作曲家的音乐创作，也尝试从学术研究的层面对我国本土作曲家的作品做一些国际传播。按照这一思路，在关照中西作曲家在技术、观念、语言等不同维度的对话基础之上，我将落脚点置于中国当代作曲家对西方作曲技术与音乐语言的接受与自我创新方面。高先生作为中国本土作曲家、理论家的杰出代表，在音乐创作与理论研究两方面均有很高的建树。根据国内已有的研究成果，高先生已经形成了自己独特的成熟且完善的音乐理论体系，且有效地运用于音乐创作。通过研读国内学者有关高先生音乐理论体系的著述，颇能引起我兴趣的是高先生对西方作曲技术理论的深入解读与个性化创新方面，因此，高先生的音乐创作也自然成为我有关中国当代作曲家研究的起点。在过去的三年中，我以高先生的室内乐为落脚点，在北美高校和欧洲的学术会议上对其创作与理论成果做了一些学术性传播，得到了相关西方作曲家与学者的关注。在高先生八十寿辰之际，我将此整理成文，望学界前辈与同仁圈点。

郑艳在哈佛大学音乐系“新音乐分析”课上讲授高为杰教授的音乐创作与理论研究成果
时间：2015 年 2 月 17 日 10:00-12:00，地点：哈佛大学音乐系戴维森教室

一、对话与深化西方作曲理论

20 世纪 90 年代，高先生在《中央音乐学院学报》刊发了《论音阶的构成及分类编目》的文章，系统化地阐释了音阶类型的可能性。随后，他在其室内乐作品《路》（为小提琴与钢琴而作，1996）中实践了“非八度循环周期人工音阶”，并在《音乐创作》上刊发文章，详细阐释了这一音乐的构成与运用，揭秘了该作的音高体系。关于音阶的理论研究与创作实践，可以说是高先生对德彪西、梅西安等西方作曲家开辟人工调式音阶这一作曲技术的继承与深化，在此过程中，高先生打破以“八度”进行循环的传统，探索了音阶构成的更大可能性空间，并付诸作曲。高先生关注的另一大西方音乐理论则是巴比特的“音级集合配套”理论，作为无调性音乐创作中深层结构的音高组织要素，

高为杰教授钢琴作品手稿《冬雪》在哈佛大学音乐图书馆举办的“百花争艳——中华钢琴100年”作品与手稿展览中展出
时间：2015年10月至2016年5月

哈佛大学拉德克利夫管弦乐团前首席、茱莉亚音乐学院小提琴演奏博士茱莉叶·格瑞林 (Julia Glenn) 采访高为杰先生
时间：2016 年 5 月 26 日

音级集合被作曲家们广泛使用。高先生通过缜密的数理逻辑计算，在巴比特“整体配套”的理论基础之上提出了“自由配套”和“部分配套”的理论，探寻了不同集合间的深层关系以及相互配套的更大可能性。

2015 年 2 月和 2016 年 11 月，我先后在美国哈佛大学音乐系和加拿大不列颠哥伦比亚大学音乐学院向师生们介绍了高先生的这两大理论体系，讲座题目分别是《中国文化符号与西方作曲技术在高为杰室内乐创作中的融合》和《西方音乐理论在中国的受融——以两位作曲家为例》。在宏观概述西方音乐理论在中国的受融与发展之后，我重点从音级集合组合的可操作性这一视角谈及了高先生如何将勋伯格提出、经巴比特发展的“音级集合配套”理论进行再度创新，并以《路》为例，谈及了高先生对于“非八度循环周期人工音阶”的创作实践。高先生对西方作曲理论的深化与创新得到了国外学者与作曲家的高度认同，哈佛大学音乐理论学科带头人哈斯蒂教授激动之下在海报上与高先生隔空对话，写下“很荣幸听到如此美妙的音乐”这一话语，并赠予高先生。

二、寻觅中国文化与西方音乐语言的平衡点

用西方作曲技术建构作品，本土风格何以呈现？这是中国作曲家一直以来尝试探索与突破的领域。对于高先生而言，他始终从中国文化中找寻灵感，探寻本土化因素与西方音乐语言之间的平衡。具体而言，高先生主要从三个方面展开：一，引入中国古诗词，深化作品意向。比如，其钢琴作品《冬雪》引自柳宗元的《江雪》，《路》引用了屈原的诗句“路漫漫其修远兮，吾将上下而求索”，《山居》（民族室内乐）的灵感来自王维的诗《山居秋暝》等。需要指出的是，高先生并非一味地效仿西方标题音乐的叙事性写作手法，而是以具体的西方作曲技法与诗词意向实现“互文性”表达，从而达到“随物赋形、求其神韵”的审美意境。比如，高先生曾对《山居》的作曲技法与人文意境描述如下：“山居的景物与生活，既是极简又是丰富的，让人进入所谓天人合一、宁静致远的境界。因此我在乐曲中尝试一种极简主义（minimalism）的风格，只以有限的几个音的重复，用支声手法在这些音上按一定的数控节律拉出旋律（非主题）分配给不同乐器，虽然形成多声线条，但本质上是单声音乐。这里当然有山水环抱的意象联想，但更着重表现的是人在此种自然环境中心无羁绊的沉思冥想。”显然作曲家在此以极简主义的作曲技法呼应山居中静谧的生活，从而实现音乐与人文在审美上的互通。二，从演绎角度探寻中国元素的声音，比如将京剧中的节奏动势、唱腔式的滑奏、古诗词的吟诵等元素运用于创作与演绎，以无调性的音乐语言传递中国文化的符号。三，以不同的音型姿态写意绘景，与画面联觉，传递声景。

2015 年 8 月，在哈佛大学哈斯蒂教授组织的“中国当代音乐多维研究学术工作坊”上，我以“高为杰室内乐创作中的诗性：中国绘画、诗歌与语言音调的交融”为题做了发言，并邀请茱

莉亚音乐学院小提琴演奏博士茱莉叶·格瑞林对《路》中的滑奏片段、华彩段等进行现场演绎，大家共同探讨了以西洋乐器传递中国声音的可行性空间。2017 年 7 月，在第九届欧洲音乐分析大会上，我进一步以“传统审美对中国当代音乐的符号学贡献之分析”为题，探讨了高先生在《冬雪》《路》这两部作品中如何通过具象的手法实现意向的符号表达。在提问环节，与会学者指出“在音响层面，高先生描写的鸟鸣声有别于马勒模仿的鸟鸣声”，并进一步追问“以何样的手段塑造这一场景的”。我从“高先生将中国文化中的动势、音调与西方音乐语言的融合”这一视角做出了回应，阐释了本土文化沁润下的音响建构的多样手段与立体化空间，引起不少与会学者的共鸣。的确，高先生一直在音高体系、文本结构、音响音色等不同层面寻觅中国文化与西方语言的平衡点，探寻二者融合下的新声音。

三、视觉与听觉的灵动：作品手稿与音乐创作的国际传播

高先生的音乐创作与理论体系在被学术研究领域得以关注的同时，其创作还以作品展、音乐会的形式得到更加多元的传播。

2015 年，正逢中国钢琴音乐走过一百年，哈佛大学音乐图书馆以上海音乐学院出版社发行的《百花争艳——中华钢琴 100 年》为蓝本，举行了中国钢琴百年作品与手稿展，高先生的钢琴作品《冬雪》被纳入展览。借此机会，高先生把此作的手稿赠给了哈佛音乐图书馆。根据中国钢琴音乐风格的变迁与历史语境的衍变，此次展览共设五个展柜，分别以源起、发展、融合、政治、当代作为主题。高先生的这部作品被列为“当代钢琴作品”展柜的压轴之作，与赵元任先生创作的中国第一部钢琴作品《和平进行曲》在此次展览中首尾应和，颇具历史意义。

更需提及的是，在钢琴作品展出期间，哈佛大学音乐图书馆还策划了一场校园里的中国钢琴作品音乐会，邀请了在校的两位学生上演了八部中国钢琴作品 。一位是曾获第 15 届柴科夫

斯基国际音乐大赛钢琴组银奖的本科生黎卓宇 (George Li)，另外一位是哈佛大学与新英格兰音乐学院联合培养的学生亚历山大·贝尔 (Alex Beyer)。音乐会于 2016 年 2 月 13 日在哈佛大学学院楼 (University Hall) 举行，高先生的钢琴曲《冬雪》作为上半场的压轴之作由贝尔演奏。这是哈佛师生们第一次较为集中地品读中国钢琴作品，此次音乐会也得到了哈佛大学校报和波士顿当地媒体的关注和报道。

2018 年 1 月，茱莉亚音乐学院举行了以“当代中国——一场中国作曲创作的盛典”为主题的“聚焦”(FOCUS) 音乐节，30 余位定居在中国大陆的作曲家的作品在此上演，中国音乐文化的交流与传播再掀波澜。高先生的《思蜀》(2017) 位列其中，于 2018 年 1 月 25 日在彼得·翟·夏普剧院 (Peter Jay Sharp Theater) 进行了纽约首演，由茱莉亚音乐学院的学生克洛伊·洪 (Chloe Hong) 担任大提琴、理查德·于 (Richard Yu) 担任钢琴。乐曲的源头可追溯至《蜀宫夜宴》中描写的五代十国时期前蜀宫廷歌舞的场面，据高先生本人介绍，“这是我看到一篇写《蜀

高为杰教授作品《思蜀》上演于美国茱莉亚音乐学院 FOCUS 当代音乐节
时间：2018 年 1 月 25 日；地点：Peter Jay Sharp Theater

宫夜宴》创作并演出35周年的文章，勾起当年的回忆，怀念当时一起合作的两位师友俞抒先生和朱舟先生，故用《蜀宫夜宴》中的一些曲调素材写成的这首《思蜀》。曲名反用成语‘乐不思蜀’，因伤怀故人而思蜀”。我有幸亲临了此作的现场演出，两位演奏者以精湛的技术诠释了中国历史与音乐文化的声音，令人振奋不已。

以手稿与乐谱为视觉文本的展览盛宴终将结束，音乐会形式的听觉盛宴也会在时间的流淌中化为历史，而这些视觉与听觉符号则已沉浸为中华音乐文化的精髓在西方音乐学界中回荡。一场展览、一场音乐会、一场讲座抑或是一场学术工作坊，带来的是中西作曲家与学者于不同层面的积极对话，这将势必在历史的长河中继续发挥效应。高先生的音乐创作与理论研究成果，无论是作为流动的音响符号还是视觉的理论著述，它们传递着中国文化的声音，记载着中国音乐的历史，折射出中华民族的精华。

谨以此文献给高先生八十寿辰，祝愿先生的创作与学术之路常青！

本文系上海市浦江人才计划项目“20世纪中西方现当代音乐创作中的符号学现象之研究”(13PJC040)成果。

郑艳

上海音乐学院作曲与作曲技术理论博士
华东师范大学音乐系教授、硕士生导师

我的导师高为杰

——写在高为杰 80 寿辰庆祝之际

陈丹布和高为杰

2018 年，我的老师高为杰先生即将庆祝 80 岁生日。

在经历了 80 年的人生之后，毫无疑问，高为杰早已经成为中国音乐界一个响亮的名字：著名作曲家、理论家、音乐分析家、音乐教育家、音乐思想家。然而，对于我来说，高老师无论从专业还是生活方面，都是一位和蔼可亲和循循善诱的人生导师。

上课的美好时光

1988 年至 1990 年，我作为四川音乐学院作曲理论专业的硕士研究生，跟随高老师学习两年。

从一开始上课我便惊奇地发现，高老师是一个非常有智慧的人，风趣幽默，谈吐优雅，经常妙语连珠，显示出一派智者风度。因此，作为学生与他交谈，跟随他学习，聆听他教导，就会有收获，这也顺理成章地成为一件令人愉悦享受的事情。

高老师讲课永远是全神贯注、认真思考、全身心投入的。时至今日，一个有趣的画面仍经常浮现在我的脑海：高老师喜欢抽烟，上课抽烟比较多，有时候我可以看到，他边讲课边用力吸烟，一根烟很快抽完了，接上另一根（也会与会抽烟的学生交换香烟），往往在这个时候，他似乎在用力，脑筋飞快地转动，应和着学生的问题，考虑着自己的讲话，努力挑选与学生交流的最合适方式。他的奇思妙想往往在这种碰撞中迸发出来。

高老师的语言能力是很强的，表达方式丰富，并且思维也很缜密。他知识面很宽，经常会在不经意之间，针对学生提出的某一个问题，在论述中旁征博引，从古今中外、各个方面仔细地解答、解剖、分析和论证，能够做到非常深入、具有宽度，而且深入浅出。他的讲课妙趣横生，可以把一个问题正过来解答，反过来论说，其中体现出来的丰富思想内容和思辨精神令人叹服。这样，我们做学生的学习和思考方式也不知不觉地受到了潜移默化的影响，养成了理性推导的习惯。

受惠“活字典”

跟随高老师学习过的学生经常议论，高老师怎么什么事情都知道，就好像是一部音乐“活字典”，学生可以随时“询查”，即查即用，而从他那里得到的知识和信息准确无误又全面。

这个说法我深有同感。

印象中，我提出的问题几乎没有高老师不能解答的，我也经常纳闷，从音乐演奏、演唱、音乐作品的信息以及音乐理论甚至音乐逸闻趣事，他讲到的很多内容不知道是从哪儿得到的。我们只是看到，高老师好像随时都在学习、阅读，从字典到各类报刊文章，从杂志到大部头音乐文献，包括中文的、英文的，他总是在翻阅。仔细一想，高老师自己的知识可不就在阅读之中不断地得到更新嘛。

高老师既有惊人的记忆力，又有很强的知识运用能力。首先，对于任何音乐作品的音响、乐谱或者音乐理论知识要点，只要是他听过看过，便牢记于心，不会忘记。针对作曲专业或理论专业的学生在乐谱或理论上的问题，他能厘清线索，顺着学生的思路辩证地进行分析阐述，提出正确的观点和解决方法，并且利用手里掌握的丰富材料随手举例加以印证说明，这时候，学生总是心悦诚服地接受。因此，我感觉每次跟随高老师上课都收获良多，每次下课都期待着他的另一个课时。

转学北京轶事

1989 年 9 月，高老师调到北京工作，举家迁往京城，担任中国音乐学院作曲系教授和作曲系副主任（后来担任系主任）。

当时，我们有三位仍然在四川音乐学院就读的研究生贾达群、吴万新和我，跟随高老师前往北京，借读中国音乐学院，继续完成学业。

中国音乐学院当时只有一座楼房，学生宿舍、青年教师宿舍、教室和办公室都在这栋楼里，我们三位大龄硕士研究生就借宿其中的一间房子，一边自己学习，跟随高老师上课，一边准备硕士学位毕业论文的写作材料。

我们三人住的宿舍与办公室差不多大小，很宽敞，高老师为我们创造了很好的学习生活条件，而且我们都是在高老师家里，“一对一”地上个别课。

下课之后，回到宿舍各自学习，而到了晚上，就是属于我们三个人之间的“论战”时刻。

我想，大概因为长期跟随高老师学习的缘故，我们三个人也像他那样，有意识地养成学问思辨的习惯，针对某一个人提出的问题和观点会进行深究与辩论。我们经常吵得“一塌糊涂”，飞快地转动脑子思考，拼命搜索着自己的知识储存，对某个学术问题刨根寻底，组织语言，反击对方，争论得面红耳赤，都想着要把对方驳倒。在这种情况下，往往“战胜方”滔滔不绝，洋洋自得，而“战败方”呢，就赶紧跑到门口，拉灯睡觉，大家在嘻嘻哈哈的欢声笑语中，结束紧张学习的一天。

时间一长，大家都发现自己乐在其中，在自觉思考的过程中，锻炼了思维、锻炼了口才，通过激辩的方式，保持了对学术问题深度关注和深入探讨的好习惯。

逢周六、周日，高老师和师母罗良琏老师总是热情邀请我们三位孤身在京上学的大龄研究生到家里吃饭，大家经常凑在一起，热热闹闹地包饺子。有时候我们也把前一天发生的争论延续到高老师家，此时，高老师便充当“裁判”，表达见解，化解难题，评判总结我们的得与失，把他的课堂又延伸到“饭局”之中，大家气氛和谐，彼此之间充满了友爱之情。跟随高老师转学北京的这一段经历，使我受益匪浅，给我留下了难以忘怀的记忆！

在结束研究生学习的期末之际，贾达群、吴万新和我都获得了优异的成绩，顺利地通过了学位论文答辩，获得了硕士学位，并如愿地参加了工作。贾达群留在四川音乐学院作曲系当老师，后调入上海音乐学院当教授；吴万新也留在四川音乐学院当老师，后赴日本留学、工作，最近又调回四川音乐学院工作；而我呢，经过一番周折，毕业后直接分配到中央音乐学院作曲系当老师，现在也当了教授。

我认为，高老师在从事音乐教育方面的工作是非常成功的，出自他门下一个又一个中国各大顶级音乐学院的教授们，就是他辛勤工作的丰硕成果，同时，他也为中国音乐事业培养出了一批又一批杰出的作曲家、音乐理论家、音乐教育家和学者，他的音乐思想影响了一大批音乐工作的从业者。

榜样的巨大力量

榜样的力量是巨大的，高老师的持续影响力非常显著也非常重要。

教学之外，高老师作为老一代学院派音乐家，不仅博古通今，学贯中西方音乐作曲理论，并著书立说，成果累累，如发表《和声力学研究》论文，提出“十二音音级集合配套”“十二音定位和弦”“非八度循环周期人工音阶”等作曲理论和技法，然而，我认为更为重要的是，他在理论和创作两个方面都很强，全面发展，不断地进行音乐创作，并善于把音乐理论和音乐创作实践很好地结合起来。

作为作曲家，可能某一段时期着重于理论技法研究和著述，另一段时期偏向作曲实践，也可能在作曲时遇到困难，感觉不能创新，无法突破自我。这个时候就需要“充电”，需要学习新的理论，研究新技法，思考创新音乐语言方式。

高老师就是一个经常把作曲时遇到的问题带入研究，又把理论研究成果转化为音乐创作的践行者。1987 年，他运用“十二音场集合技法”创作钢琴曲《秋野》时，我是见证人之一。乐曲技法新颖，语言风格别致，艺术感染力很强，令人耳目一新。乐队作品《别梦》中色彩多样的音响、丰富的音乐形态都是通过控制十二音技法和对旋律独特的处理手法而实现的，乐曲中对各种梦境的大胆想象则超乎寻常。《白马印象》用双胡与乐队演奏，从另一个角度以另一种风格手法展现了他所具有的丰富民族音乐底蕴与当代技法融合的魅力。有趣的是，高老师还将自己家的电话号码后四位数转换为音高材料，运用多种技法写成第二弦乐四重奏《远讯》，其意味也具有多重性。《元曲小唱（三首）》则带有回归意味，古风十足，旋律质朴，音乐动人，情感炙热，使人回味无穷。可以说高老师也是成就巨大的作曲大家！

由于我毕业后分配在中央音乐学院工作，与高老师离得比较近，走动比较多，保持了密切的交往，我们之间建立了一种“亦师亦友”的良好关系。正因为如此，在这种长期的学术和生活交往中，我受到了高老师很大的影响。比如我自己也是保持一种理论与作曲两手抓，学术研究与创作实践并重行的模式，我想，这恐怕就来自高老师潜移默化的影响。

我也会经常把自己的教学心得体会和理论研究成果不时地尝试运用在不期而至的音乐创作实践当中，目前已经写出了不少作品，取得了一定的成果。这些，都是我以高老师为楷模、为学习榜样的行动，也是我要从心底里感谢恩师的最重要原因。

合作著述——《曲式分析基础教程》

1991 年，高等教育出版社委约高老师为电视音乐教育课程撰写《曲式分析基础教程》，高老师找到我，提出师生合著此书，我非常高兴地接受了这个任务，并顺利完成。2008 年，此书发行第二版，我们增加谱例，进行了修改完善。由于此书广受欢迎，使用范围逐渐扩大，目前，该书销售量估计超过了 40 万册。毫不夸张地说，这本书已经成为当今我国音乐艺术院校作曲专业与其他专业同类教科书中最受欢迎的畅销书之一。

作为音乐曲式分析课最基础的应用性教科书，并不容易写好。我秉承高老师所要求的某些重要学术理念，结合自己在几个院校的学习经历和教学经验，在写作中使用尽量简洁的文字，通俗易懂的语言，概念准确并具有高度概括性（特别不应把简单的问题复杂化），理论层次分明，具有广阔的适用性；在选择所分析的曲例时，由浅入深，随着理论叙述的推进而逐渐加大难度，使学生更容易理解和接受。《曲式分析基础教程》的写作，对我来讲是一个音乐基础理论的再学习过程，使我受益匪浅，这反过来也促进改善了我在中央音乐学院的音乐分析课教学。

古人云“人生七十古来稀”，现代人年过 70 岁处处有。但是，即将度过 80 岁高龄的高老师仍然“不断学习，不断创作”，并奋战在教学第一线。他仍然保持着清醒的头脑、敏锐的观察和迅捷的判断力，保持了积极进取的工作生活态度，而且，在中国音乐界仍然保持着强大的影响力。

他就是榜样，就是楷模，也是我最最敬爱的人生导师！

陈丹布

作曲家、中央音乐学院教授

高为杰在长城（2004）

删繁就简三秋树，领异标新二月花

——高为杰教授印象

高为杰教授是我国著名的作曲家、理论家和音乐教育家。他长我两岁，今年正逢80华诞，可喜可贺。高先生著作等身，桃李遍布，对我国音乐界的贡献，有目共睹；高先生还应邀出访多个国家与地区参加学术会议、讲学，担任国际比赛评委，其传略载入英国剑桥《国际音乐与音乐家名人辞典》等辞书，也印证了他在国际上的影响。此次纪念文集征稿，按理本当写一篇带有综合学术和科研特点的文章来表达我的敬意，但苦于眼疾，现在阅读总谱或查阅资料均已感到困难，所以只能从同行的角度，谈一点我对高先生的美好印象。

睿智与勤奋

高先生曾先后任四川音乐学院和中国音乐学院作曲系主任、作曲教授和博士生导师，上海音乐学院博士生导师及上海音乐学院博士后科研流动站外聘联系导师等职；而我在中央音乐学院长期从事“曲式与作品分析”教学，所以，对高先生在相关领域的理论研究成果一直比较关注。思想活跃，视野开阔是高先生给我留下的第一印象。据知，早在1983我国刚刚施行改革开放的年月，高先生即已参与创建了中国第一个现代音乐团体“作曲家创作探索会”。他个人的音乐作品也曾在国内外演出、出版并获得多种奖项——他因能注重理论研究和创作实践相结合，并能有效地将其新音乐创作实践的心得提升为理论而独树一帜。兼之他作为中国新音乐理论和创作的代表人物在国际上的多次亮相，用郑板桥门联中的“领异标新二月花”来比喻，也算恰如其分。

以下先谈我对他作为音乐理论家的印象。

我拜读过高先生的一些书，有经典的《曲式分析基础教程》等高等音乐院校专业教科书（高等教育出版社 2001 年出版，与陈丹布合著），也有诸如《20 世纪音乐名著导读——协奏曲卷》（上海音乐出版社 2001 年出版）等新音乐专著，还有若干关系到现代作曲技术研究的论文，如《和声力学研究——论音高集合纵列的分类及和声张力效应定量化分析》（《音乐探索》1986-3）、《论音阶的结构及分类编目》（《中央音乐学院学报》1995-1）、《〈路〉的非八度周期音阶》（《音乐创作》1999-3）以及《音级集合的配套》（《中国音乐》2004-4）等，这些文章反映出高先生对西方现代作曲技术和理论的高度敏感、兴趣和积极探索精神，并对中国新音乐理论建设形成一定影响。

我与高先生的相识，是他来京之后。场合虽然仅限于院校之间作曲系研究生的论文答辩会议，或各种与作曲和作曲技术理论有关的学术研讨会，但他留给我的印象却比较鲜明。在我的印象中，高先生不是那种因为懂得多、身份高，就为自己的学术领域“筑起高台”的理论家，或被学生批评为“专用谁都听不懂的话来讲授谁都明白的道理”“化简为繁”令人望而生畏的教授；高先生的学术研究和教学风格都更倾向于“删繁就简”，这是一位理论家和教育家真正成熟的标志。也许在他看来，一门学问要是真正学通了，就会知道，每门学问的真正要紧之处往往就是那么几点，只要能抓住要领，许多问题就都会迎刃而解，顺理成章，真的没有必要罗列出许多繁复的现象，不分青红皂白地一股脑都灌给学生。这不仅需要有“与人为善”的心态，更能反映一个人的修养与睿智。

高先生对中国当代音乐创作的认识也颇有见地。比如，在一次博士学位论文答辩会上，谈及中国传统音乐中普遍存在的“音腔”和“音腔”对我国民族地域风格形成的重要性，以及“音腔”在中国当代新音乐创作中的技术应用、特别是如何界定“音腔”概念等问题时，高先生表达了这样的看法：他认为，论文中所提到的所谓“音腔”在我国专业音乐创作的应用，早在黄自先生那个时代就有了。只是现代作曲家将它与现代作曲技术结合发展得更为丰富，手段也更为多样……谈及“音腔”的界定问题时，他认为“音腔”的概念比较模糊，说（大意）：我更倾向于用“腔音”的提法，“腔音”就是指音乐中各种针对单个音的装饰技术。

我欣赏高先生在音乐理论方面的老道，清晰缜密的思维和简明扼要的表述方式。他能同时学习研究中西音乐和这么多新的东西，也足以体现其治学的勤奋。

清流与活水

我知道，在高等音乐院校的作曲系，那些不仅能讲理论，而且同时又能身体力行地从事音乐创作的作曲教师，才是最受学生欢迎、尊重和爱戴的。高为杰教授即属于这一类型，他写过很多作品，也颇具社会影响。在他写过的一些大型作品中，仅我知道的就包括他为双胡与交响乐队写的《白马印象》——该曲 2007 年已在人民音乐出版社出版发行、并收入《中国当代作曲家曲库》；他参与创作的民族管弦乐作品《蜀宫夜宴》也获“全国第三届音乐创作（民族器乐）一等奖”；他的钢琴小协奏曲《童年回忆》，由日本国际音乐公司委约，由人民音乐电子音像出版社出版总谱与 CD；他的《梦系列——高为杰管弦乐作品选》由上海音乐出版社 2004 年出版；其民族管弦乐的古曲改编《梅花操》也在 2004 年北京国际音乐节上首演……但他很少写那些大轰大嗡、造势或红极一时的作品，相比之下，他写得最多的还是各种室内性艺术音乐，并由此反映出他作为一位学者型作曲家的诸多特点。

在我的印象中，高先生的音乐风格雅致，不太煽情，更没有任何“强加于人”或写得太满的弊病。他喜欢采用那种比较从容、适中、注重细节和给听众留有思考余地的写法。他的绝大部分作品，都能体现出某种新意，并包含有比较明确的新技术目标指向。仅以我听过的作品为例：他早在1987年写的钢琴独奏曲《秋野》就采用了十二音场集合技法，并在当年即获取了中国钢琴作品演奏比赛新作的第一名；1993年他写的竹笛与长笛重奏《缘梦》则借助于中西两种笛子的音色对比，借用中国经典音乐《春江花月夜》的素材与法国印象派作曲家德彪西《牧神的午后》的音乐素材，在创作中采用了相互拼贴、对话与融合等现代技术手段，以表现他的艺术梦想①。1995年他为民族室内乐创作的《韶Ⅱ》是作曲家有感于《论语》中记载孔子追求尽善尽美，闻《韶》乐后三月不知肉味等执着的艺术信仰和由此产生的共鸣而写的作品，其中采用了作曲家自创的非八度周期人工音阶②，从而反映出他作为今天艺术家的新抱负、新趣味。高先生创作不仅有新的美学追求，而且他也很强调个人内心体验的表达与理性控制间的平衡。所以，听众或能从中得到与作曲家的心灵沟通而获得愉悦感，或能从现代作曲技术与中国音乐风格的把握方面受到启示。

高先生是一位有文脉的作曲家。虽然在他的作品中总会受到某些西方文化艺术、特别是现代技术的影响，但更因为他从小浸润在中国音乐文化，特别是唐诗、宋词、元曲以及姊妹艺术的熏陶下，他的音乐创作也铸就了中国的灵魂和特有的文人气质。他2001年受法国里昂GRAME国立音乐中心委约，为女高音与七件乐器而作的《雨思》是一首混合室内乐作品。女高音的唱词引用了李清照的《点绛唇》：“寂寞深闺，柔肠一寸愁千缕。惜春春去，几点催花雨……”作品典雅凄婉，独具中国韵味，音乐却用了非八度音阶、传统调性音乐与音级集合相结合的技法③。2016年6月在北京国家大剧院首演的“意象·净土”民族管弦乐原创作品音乐会中，高先生的民族室内乐《山居》虽然没有直接采用王维诗作《山居秋暝》中的任何诗句，却通过音乐表现了作曲家对该诗意境和精神的感悟。在书写“空山新雨后，

李吉提 2011 年赴四川音乐学院讲学，与高为杰教授及其夫人罗良琏教授相逢在四川

天气晚来秋。明月松间照，清泉石上流”等山居的景物和所谓天人合一宁静致远的境界部分，作曲家采用了一种极简主义（minimalism）的风格，他先设定了一个由 10 个音构成的“母旋律”，其前后 5 个音分别构成两个不同的五声音阶，包含 3 个五度关系的调域。以确保其既能照顾到旋律音调本身的中国调式感与风格因素，又兼顾到相关声部乐器的音域及演奏法，最终还要力求使由这一“母体”重复延伸而成的音乐贴近所要表现的内容与意境。同时，作曲家在“母旋律”的发音点上以数控节律拉出的支声旋律，是以斐波拉契数列前五个数的四种重排方式为依据，而各声部旋律的延伸则是选用数列的轮转重复[4]。上述这种只以有限的几个音的重复和按一定的节律（通过斐波拉契数列）拉出旋律（非主题）分配给不同乐器，虽然形成多声线条，但本质上是单声音乐的理性的现代作曲技法，既描绘出山水环抱的意象，更传递出在这种自然环境诗人心中无羁绊的沉思冥想。我很赞赏作曲家这种“信手拈来”地将现代作曲技法应

用于古典诗词意象的能力。乐曲的中段对比，音乐变得明媚妖娆，诗人的心绪也从沉思中跳出，那是听到远处竹林中浣女们传来的欢声笑语，正所谓“竹喧归浣女，莲动下渔舟。随意春芳歇，王孙自可留”。这时，由于作曲家想象中“净土”的意象已经从文人转向了民间，所以音乐也换了一种写法，使最后的几笔透着灵动之气……[5]

生活侧影与艺术天地

由于与高先生的接触有限，我对他的了解远不及他的家人和与他共事多年的同事、朋友、学生。但有两件趣事值得一提。即前几年，我应邀去福建参加“京沪闽现代音乐创作研讨会”曾与高先生同一会场。某日，闻高夫人、著名的女高音歌唱家罗良琏教授突然从北京打来急电，述说保姆请假回家，她不知如何操作电饭煲了，于是高先生和颜悦色地在千里之外用手机指挥夫人做饭，与会同仁无不感慨，夫妻感情可见一斑；散会归来，在福建机场待机时，又见高先生匆匆出入于机场各商亭之间，问及“要找什么？”时，回答曰：“出来几天，总该给女儿买点什么回去。我在找她最喜欢吃的一种橄榄……”慈父之心，溢于言表。我早知道高先生有一位出色的公子高平，是钢琴家兼作曲家，不知还有一个女儿也让他如此疼爱，这两件小事虽然与艺术没有直接关系，但它们也是高先生为人的一个侧影。

我能明确地感知到高先生有一个独属于自己的艺术天地。在那里，既有中国文化的源泉，又有西方音乐的宝库，更有许多闪闪发光的现代音乐艺术，在不断吸引着他去探索。高先生虽然已经年近80，但在这片天地里，他的兴趣却仍然很浓，好奇心也仍然很重，并且能继续保持着敏感和活跃的心态，与年轻人的心脏一起跳动。他好像并不觉得自己有什么“老”，他能如此饶有兴味地继续学习和创作那些自己真正感兴趣的新作品，真的很是令人羡慕。由此可见，高先生的人生态度是积极的，值得我们学习的。他的艺术血液始终是在流动的。这使我想起了朱熹在《观书有感》中所写的诗句：

“半亩方田一鉴开，天光云影共徘徊。问渠那得清如许，为有源头活水来。”有了这种精神，我相信高先生作为一位著名的音乐理论家、作曲家和高等音乐院校的教育家，一定能够继续活跃在国内外音乐艺术舞台，其在音乐理论界、作曲界和音乐教育界的贡献也继续能够成为中国当代音乐“清流”“活水”中最重要的一支，源源不断，继续流淌。

祝高为杰教授健康长寿！

① 《缘梦》入选 1993 年法国 SACEM/ 第 38 届洛吉桑艺术节演出。在 2004 年获得上海之春国际音乐节“当代音乐优秀作品展”颁发的“唱片公司举荐奖”。乐谱收在《梦系列——高为杰管弦乐作品选》，已由上海音乐出版社于 2004 年出版。在 2014 年开播的中央广播电视大学课程《中国音乐名家名作》（新版）中，本人作为主讲人之一，也对当代著名作曲家高为杰及其作品《缘梦》作了专题介绍。该课程制作有 DVD，由中央广播电视大学音像出版社内部发行。

② 《韶 II》于 1996 年由法国电台巴黎国际现代音乐节委约创作并首演。其简介可参见《中国音乐结构概论》第 484 页，李吉提著，中央音乐学院出版社 2004 年第 1 版，2017 年第 4 次印刷。乐谱由上海音乐出版社于 2008 年出版。

③ 关于《雨思》的分析，详见卢璐的博士学位论文《高为杰现代音乐创作技法研究》，上海音乐学院出版社 2009 年出版。

④ 详见高为杰教授在由四川音乐学院发起并主办的“2017 作曲理论学科建设国际高峰论坛”所作的学术报告和提交的学术论文《数控支声作曲方法的组织结构新探索》。

⑤ 有关高为杰《山居》的介绍文字，还部分地引自本人 2016 年 11 月刊在《人民音乐》的文章《洗净铅华 触摸中华文化之根——“意象·净土”民族管弦乐原创作品音乐会评》。

李吉提

音乐理论家、中央音乐学院教授

融诗画于音，寄情志于乐

——评高为杰室内乐新作《山居》

唐诗是中华民族优秀传统文化中的瑰宝，对中国乃至世界文化都产生了深远的影响。众多唐代诗人与他们的佳作名篇一起在历史的长河中闪耀着熠熠光辉，其中王维无疑是出类拔萃者之一。尽管王维在诗歌上的成就极其全面，各种形式风格都有传世之作，但由于其在山水田园诗作上的贡献尤为突出，因此被后世尊为“山水田园”诗派的代表人物。王维的山水诗大都写于后期，与前人比较，他扩大了这类诗的内容，增添了它的艺术风采，使山水诗的成就达到前所未有的高度，这是他对中国古典诗歌的突出贡献。其中，王维写乡村景物和农家生活的田园诗充满着牧歌情调，表现他闲逸萧散的情趣和恬淡自适的心境。单纯从思想内容的角度而言，王维诗可能不能与李白、杜甫相提并论；但在艺术性方面，王维却有其独特的成就与贡献。王维是一位具有全面艺术修养的诗人，他不仅擅长作诗，而且工于书画、长于音律，此外还参禅悟理、学庄信道。不同艺术相互渗透对其诗歌产生了深刻的影响，从而使得他的诗作表现出独特的艺术魅力。王维的山水田园诗画面感极强，苏轼评价其“诗中有画，画中有诗”，后世的画家可以轻易地将王维诗作中的画面和意境“还原”成生动的图画，如明代画家陈裸的《画王维诗意图》便是较为成功的范例之一。虽然王维诗中的音乐美也已为世人所公认，但直接根据其诗作的画面和意境而创作的音乐作品却难得一见。究其原因，这主要可能还是由于音乐艺术的语言和表现手法与其他艺术门类相比更加抽象的特征所造成的，同时也说明以音乐的形式和手法来表现王维的诗意本身的确是一件非常困难的事情。不过这反而也激发了作曲家们不断去尝试和挑战，高为杰先生以王维《山居秋暝》的诗意所创作的室内乐作品《山居》便正是这样的典范。

尽管唐诗题材丰富、风格多样，但从总体上来看，形式精炼、意境深远是其最显著的表现特征，王维的这首《山居秋暝》自不例外。原诗如下："空山新雨后，天气晚来秋。明月松间照，清泉石上流。竹喧归浣女，莲动下渔舟。随意春芳歇，王孙自可留。"全诗描绘了一幅丰富生动的山居生活图景，但所用笔触却极其简单，景只描述了明月、清泉、松、石等寥寥数物，人则只暗示了连面都未露的浣衣女、采莲人。如此诗情画意，究竟以何种风格和手法的音乐才能准确表现呢？经过深思熟虑之后，作曲家决定尝试一种极简主义（minimalism）的风格，以有限的几个音进行重复，用支声手法在这些音上按一定的节律

刘顺指挥紫禁城室内乐团首演《山居》（2016）

生出不同性格的音乐材料，并将它们分配给不同的乐器声部，以此来形成多声线条。不过由于在每个实际发音点上的音都是相同的（当然可以是不同的八度），因此这样的音乐在本质上其实是一种单声音乐。

作为整首作品最为基础的“母体”，预先设定的旋律音调至关重要。因为它既要考虑旋律音调本身的调式感与风格因素，同时还要兼顾相关声部乐器的音域及演奏法，最终还要力求使由这一“母体”重复延伸而成的音乐尽可能贴近所要表现的内容与意境。通过反复思考与试验，作曲家最后确定的“母旋律”如下：

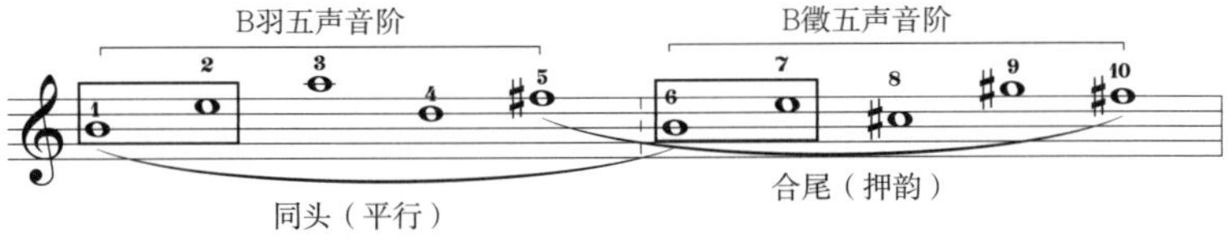

从图示中可以看出，这一“母旋律”共由10个音组成，但其中有3个重复音（1与6相同、2与7相同、5与10相同），因此实际的基础音只有7个，而这七个音如果按照从低到高的顺序排列起来，正好构成一个A宫系统的B商七声清乐音阶：B，#C，D，E，#F，#G，A。“母旋律”的10个音可以分成前后两半，前后5个音分别构成两个不同的五声音阶：前5个音为D宫系统的B羽五声音阶，后5个音为E宫系统的B徵五声音阶。从调关系的角度来看，后半的E宫为前半D宫的上方二度，它们统一在整体旋律的A宫系统中，形成一种较远的“近关系”（A的上方五度为E，下方五度为D），而且二者还利用不同的五声调式的特点形成了“同主音”调式，因此保证了二者之间既有内在张力又有内在联系，使它们在前后相连时更加顺畅、自然。从旋律的风格来看，五声调式所具有的民族民间特征与生俱来、显而易见。从调式色彩来看，前半的B羽偏小调式，后半的B徵则偏大调式，二者在色彩上有着一定的差异，虽然这种调式

色彩的微弱对比在一般情况下不大可能作为起决定作用的关键因素，但在这种同一旋律长时间多次重复的过程中却显得弥足珍贵。

此外如图中所示，该旋律的前后两半还体现出“同头合尾”的关系。由于这种手法常见于我国的民间音乐中，因此也可以理解为是一种对民间音乐元素的特殊借鉴方式。当然，这里的“同头合尾”还有它独特的含义：由于相同的“头”不止一个音，而是由两个音“B，E”构成，这就与西方音乐中的“平行”关系有些类似了；相同的“尾”音“#F”则可以与中国古诗中的“押韵”联系起来，而且两个五音组的后四个音是互为反向进行的，也有中国古诗词中“平仄对仗”的意味。所以换一种角度来看，将这样的情形理解为一种别样的“中西合璧”似乎也未尝不可。

虽然采用了极简的音乐材料，但该室内乐作品在乐器的配置上却较为丰富，涵盖了吹管（箫、笙）、弹拨（琵琶、古筝）、拉弦（二胡）以及打击乐四个组别，另外还加入了特殊的色彩性乐器颤音琴。在创作过程中，作曲家将极简的音乐材料用支声的手法分配到不同的声部，利用不同乐器的音响色彩形成丰富的层次，从而实现简单与丰富的统一，在音乐表现上则形成一种天人合一、宁静致远的意境。下例是作品开始处旋律延伸及声部分配的具体情况：

如谱例中琵琶声部的方框所示，“母旋律”在该片段中完

整出现了3次。该旋律的陈述以八分音符为基本律动，在琵琶声部持续不断地反复到第15小节。在琵琶声部固定旋律不断反复进行的过程中，颤音琴和箫以各自不同的节奏奏出一些或断或续的旋律线条，但构成这些旋律线条的每一个音都与琵琶声部在相应发音点上的音相同，在谱例中表现为所有纵向上同时出现的音都为相同的数字编号。换另一个角度来说，箫和颤音琴的旋律线条都只包含了“母旋律”中的部分音，这些音在与“母旋律”的相应音点同时发声之后的持续或延长，便与“母旋律”本身形成了一种特殊的支声式发展手法。由于这种发展方式是以琵琶声部不断重复的完整“母旋律”为主导，因此有点类似于“帕萨卡里亚”的感觉。

从第15小节开始，由于原来陈述固定“母旋律”的两把琵琶中有一把要分离出来演奏支声旋律线条，因此“母旋律”不再单独在琵琶声部完整呈现，而是以独立的音点分散在各个不同的声部中：

如谱例中所示，这种陈述方式将“母旋律”中各音在不改变原来次序的前提下分散到不同的声部，而且刻意回避了音的重复，除了持续延长之外，每个发音点(attack point)上都只出现一个音。这种方式更加明确地凸显出“单声音乐”的特点，而且一定程度上与“点描”手法也有某些共通之处。从表现的内容和意境来看，这样的音乐感觉更加清淡、空灵，似乎是在表现人在此种自然环境中心无羁绊的沉思冥想。

仔细观察以上两例，除了中间的琵琶泛音声部之外，其余的声部在节奏上十分特殊，相邻两音之间的节奏从不相同，而且似乎没有明确的规律可循。经与作曲家沟通，方知其使用了一种特殊的数列结构。该数列以著名的斐波拉契数列为基础改造而成。斐波拉契数列也称为黄金分割数列，在现代音乐创作中被经常使用。斐波拉契数列的原型为 0，1，1，2，3，5，8，13……其特点是从第三个数开始，每个数都是其前面两个数的和。作曲家截取了其中由 1，2，3，5，8 五个数构成的数段，然后将其改造成如下四种不同的排列方式：

①1，8，2，5，3——正闭扇型

②8，1，5，2，3——反闭扇型

③3，2，5，1，8——正开扇型

④3，5，2，8，1——反开扇型

第①②种类型按照从两端到中间的顺序重新排列，因此可称为“闭扇型”，第③④种类型按照从中间到两端的顺序重新排列，因此可称为“开扇型”。又因为第①③两种类型在先后次序上是按照原数列从前到后依次排列，因此可分别称为“正闭扇型”与“正开扇型”，而第②④两种类型则相反，可分别称为“反闭扇型”与“反开扇型”。在实际的创作过程中，作曲家先设定一定的节奏时值为基本单位，然后按照所选取的数列类型中各数值大小来确定相应节奏点的时值。如以八分音符节奏为基本单位，按“正闭扇型”排列的节奏时值依次为1,8,2,5,3 个八分音符的长度（可以延长持续，也可以休止）。在音乐延伸过程中，作曲家会为不同声部选定相应的数列，然后采用轮转的方式持续反复，如1，8，2，5，3——8，2，5，3，1——2，5，3，1，8——5，3，1，8，2……如此，一个数列启动后轮转反复五次才会还原，以此来形成旋律节奏韵律的微妙变化，从而避免原样重复可能造成的生硬与单调。至于在相应的节奏点上选用哪一个音，则完全要看固定旋律在该节奏点上轮到什么音高了。具体实例如下：

①1，8，2，5，3——正闭扇型

②8，1，5，2，3——反闭扇型

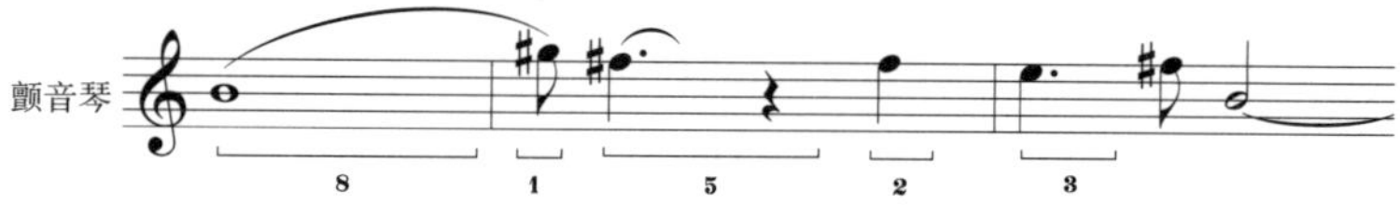

③3，2，5，1，8——正开扇型

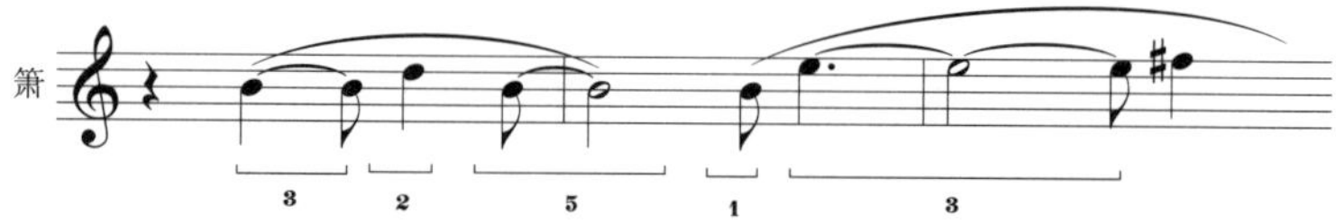

④3，5，2，8，1——反开扇型

以上各例均以八分音符节奏为基本，但从第96小节开始还短暂使用了一种以四分音符节奏为基本单位的数列，而且使之与以八分音符节奏为基本单位的相同数列同时进行，二者相结合形成了一种特殊的“节奏对位”：

上例中使用的是“正闭扇型”数列1，8，2，5，3，箫声部

是以四分音符节奏为基本单位，而笙声部则是以八分音符节奏为基本单位。两个声部同时启动，由于二者的节奏基本单位呈倍数关系，因此在使用同一数列的情况下，以四分音符节奏为基本单位的箫声部中的数列陈述一遍时，以八分音符节奏为基本单位的笙声部便刚好会陈述两遍，只不过第二遍由1，8，2，5，3轮转反复成为8，2，5，3，1。在这两个声部以上述方式延展时，筝和颤音琴声部也有旋律线条在以别的方式同时进行（谱例略），它们有机结合在一起，从而更好地实现了“对位”的效果。

综合以上的情况来看，由于该作品的旋律和节奏都是预先设定好的，因此属于“算法作曲”的范畴。一般而言，“算法作曲”总会使人联想到机械刻板、晦涩难懂等特征。但《山居》这部作品却全然没有这样的感觉。单从乐谱谱面来看，各个声部线条清晰、性格分明，声部间的配合丝丝入扣，丝毫看不出受到预设条件束缚的迹象；而从音响的角度来说，音乐清淡雅致，既能感受到起主导作用的主要旋律的贯穿，又能领略到整体织体层次中由不同声部线条构成的丰富的音响效果。在音乐的流淌中，听众不仅能感受到山水环抱的景象，还能体会到超越自然和现实的沉思与冥想，这一切都归功于作曲家精妙的艺术构思与高超的创作技巧。从构思的角度来看，山居生活的简单以极简的音乐素材来表现自然是恰如其分，而山村的景物看似偶然地存在，实则也都处在宇宙万物运行的统一规则之中，因此用数列来控制节奏也可以与这方面的含义联系起来。通过对作品的具体分析，发现在实际的创作过程中有时确实受到了预设条件的约束，但这些棘手环节都被作曲家轻描淡写地一一化解，手法之精妙令人叹服。

从整体的曲式结构来看，这首作品比较明显地呈现出三部性特征。由于首尾两个部分的音乐都以上述的固定“母旋律”结合数列节奏的方式陈述，一直都在固定旋律与数列节奏的严密控制中，因此中间部分有意识地使用了一种无拘无束的带有即兴性质的音乐，从而与首尾部分形成鲜明的对比。该部分音乐的调性十分明确，以“母旋律”中前后两个五声音阶各自的宫音 D 和 E 为主要调性，从而在完全对比的部分中仍然保持了一定的内在联系。首尾部分的节拍为 4/4 拍，所有的节奏律动都是以八分音符为基本单位，最短节奏即为八分音符，无一例外。但中间部分节拍变为 6/8 拍，节奏律动换成了以十六分音符为基本单位，而且基本速度比首尾部分还快一半，由每分钟 60 个四分音符加快到每分钟 60 个四分附点音符，从而为整段音乐奠定了活泼欢快的情绪基调。该段音乐的基本语汇以上下折转或直线上下为主要特征，而且多在不同声部之间形成呼应穿插，错落有致、动感十足：

如此对比鲜明的音乐虽然可以理解为是曲式结构与音乐运动逻辑的需要，但其真正的意义还是为了表现王维诗中的意象。《山居秋暝》中前两句是山中景象的描绘，之后的“竹喧归浣女，莲动下渔舟”则把刻画的重心由之前的“沉思”转向了“尘世”，抑或可以理解为远处竹林中浣衣女的欢声笑语惊醒了主人公的冥想。群山环抱的山村，浣衣女在竹林中欢笑、采莲人在荷叶中嬉逐，中段活泼欢悦的音乐正是在表现这样一幅生动鲜活的山村生活图景。

在描绘了山村的景物与生活之后，诗人在原诗的最后以一句“随意春芳歇，王孙自可留”抒发了自己高洁的情怀和对理想境界的追求，表达了自己对山中隐居生活的向往与迷恋之情。该句是诗中的点睛之笔，也是全诗思想境界的一种升华，室内乐《山

吴春福与高为杰

居》的音乐对此势必也要有所体现。在中间部分之后的再现部分中，虽然音乐又回到了与开始部分相同的感觉，而且主要的材料也都基本保留，但音乐发展的进程有所加快，织体也比开始部分中明显丰富，尤其是在箫和古筝声部新增加的以四分音符节奏为基本单位的两个声部使音乐的气息变得更为悠长、饱满，形成了一种特殊的抒怀性表达方式，与诗中的意象完全吻合。

室内乐《山居》2016 年 6 月 26 日首演于在国家大剧院举办的“意象 · 净土”原创民族管弦乐作品音乐会，获得一致好评。该作品的成功自然得益于作曲家丰富的人生阅历、良好的人文素养以及高超的创作技巧，但在作品整体和细节上的巧妙构思是起决定性作用的关键因素，如极简主义的风格、“母旋律”的构成、节奏的数列控制等。而最为难得的是，所有这些技术上的构思都与音乐表现的内容和意境直接相关，且都达到了良好的艺术效果，体现出较高的艺术价值。

吴春福

湖南师范大学音乐学院教授，博士生导师

杨婷

湖南师范大学博士研究生，深圳大学师范学院讲师

能驾驭“云”与掌控“钟”的全才

——致恩师高为杰先生

我很幸运，能在大学最后两年成为高先生调到中国音乐学院之后的第一批学生跟随老师学习作曲，并于保送研究生之后继续跟高先生学习作品分析。毕业留校任教后，在工作中又近水楼台总能得到老师的关爱、点拨和指教。作为高先生永远的学生，千言万语难表对老师的崇敬与感激之情！在高先生八十华诞之际，谨为先生献上学生的诚挚祝福：

“蓬莱松柏枝枝秀，方丈芙蓉朵朵鲜，泰山不老年年茂，福海无穷岁岁坚。祝福您和敬爱的师母健康长寿，艺术之树常青，生命之水长流！”

聪明才智邂逅笃志勤学

高先生是我心中钦佩和仰慕的博学长者，几十年如一日的勤奋与聪明才智使他永远位于作曲与作曲技术理论的学术前沿，成为学术界有口皆碑的集创作、理论研究、教学于一身的学者型作曲家。

作曲家是一种“特殊的复合人才”，高先生音乐中的每一个音符既富含真挚的情感又不乏严谨的精致，正像他在《情与理的博弈》讲座中所描绘的：

> 音乐像自由无常、变幻莫测的“云”，又像严谨精密、井然有序的“钟”……他所追求的艺术最高境界是“创作出意料之外，但又是情理之中的这样一种所谓人人心中所有、人人笔下所无的，既富于感染力，又合情合理，具有严谨逻辑的作品”。[1]

话语中既蕴涵深刻的哲理、深厚的文化底蕴，又富含艺术家的浪漫情怀。高先生的作品将中国传统文化的精髓与现代音乐语言相结合，生动而扣人心弦，总能给人以孔子闻“韶”般的无穷回味，有《秋野》对宇宙和谐的向往，《韶Ⅱ》对东方神韵的憧憬，《梦》系列丰富的遐想，《元曲小唱（三首）》细腻的情思，更有《路》孜孜不倦的追求……

高先生是音乐界屈指可数、不可多得的全才。1957年，在面临人生的选择时，对音乐的痴迷与坚定的信念使他毅然放弃了作为数理化的全优生被上海交大文治中学直接保送清华大学的学习机会。也正是因为高先生除了拥有作曲家的艺术素质，更有理论家的逻辑思维与哲理思辨，为他日后能在作曲技术理论研究中有其独到建树奠定了坚实的基础。《和声力学研究》《论音阶的构成与分类编目》《音级集合的配套》等理论研究成果与“非八度循环周期人工音阶”在创作实践中的应用，使他的音乐创作与技术理论研究融为一体，形成了自己的技术理论体系，并使他的作品成为作曲与作曲技术理论教学与理论研究中经得起推敲的教科书。

高先生的博古通今使他文章中的文字如同用音符谱写的音乐，字里行间洋溢着作曲家对音乐的挚爱。《20世纪音乐名著导读》（协奏曲卷）精选了20世纪百余位作曲家的300多首协奏曲，涵盖作曲家的生平传略、作品的创作背景、技法剖析、音乐的听觉感受与风格诠释，甚至囊括唱片的版本信息，为我们揭开了20世纪音乐的神秘面纱，可谓解读20世纪音乐的权威性工具书。

高先生的曲式与作品分析教科书以人类音乐结构思维中的共性规律为基础，探讨音乐的基本结构原则及构成音乐常见的曲式结构类型，使读者能在较短的时间内行之有效地掌握曲式分析的理论与方法，并能在实践中举一反三。既包含教科书必不可少的对基本概念的准确界定，又不乏对作品个案分析时生动、形象的描绘与情感捕捉，使曲式教科书阅读起来也能赏心悦目。教材从作曲家的角度剖析音乐创作与分析的思路和方法，除了单纯的技术分析，还特别提出：

> 解读作品的根本宗旨是解读自我。
>
> 分析理解优秀音乐作品的最终目的，是要使音乐分析者从中获得熏陶、同化、改造，从而实现自我理解并提升自己艺术修养与精神境界，完善自我的人格。”
>
> 音乐分析更强调客观理性的判断，需要建立在可靠的历史背景与音乐理论专业知识把握的基础上。这就要追溯作曲家创作思维的过程，解剖其技术运作的奥秘与意图，应首先尽可能忠实还原作曲家的原意，不能随意附会；而且还要揭示作品在特定历史环境中符合客观实际的普遍意义。[2]

高先生的曲式与作品分析教科书将“情”与“理”相结合的学术理念渗透其中，对音乐分析领域的学科建设与发展给予了观念性的正确引导，不同专业、不同程度的读者均可从中受益。

博古通今谱写古曲新韵

高先生将严谨的作曲技术与富有生命力和感染力的音乐创作完美结合，有关他的作曲理论及音乐作品的研究多年来一直倍受学术界的关注。除了众多专家学者对高先生作曲技术或作品发表过研究论文，卢璐的博士论文《高为杰现代音乐创作技法研究》、韩国汉阳大学祝琳华的博士论文《高为杰12音定位和弦研究——以〈玄梦〉〈远梦〉为例》及张晓倩《高为杰管弦乐作品〈玄梦〉研究》、韩凯《高为杰〈元曲小唱（三首）〉和声研究》、代丽平《浅析高为杰现代音乐作品的美学意义》等硕士论文层出不穷。郑艳在哈佛大学访学期间对高先生的作品举办了专题讲座，哈佛大学音乐系作曲理论的学科带头人Hasty教授还在日本东京国际音乐学协会上分析了高先生的作品。

纵观高先生的音乐作品目录，除了大量的创作作品，还有一颗璀璨的明珠未被研究领域关注，那就是大量的中国传统乐曲的改编曲。在人民音乐出版社出版的《中国音乐家经典典藏作曲家系列——高为杰作品选》三张CD中，名为“古曲新韵”的专辑与室内乐作品专辑、管弦乐作品专辑并驾齐驱，可见改编曲在高先生音乐作品中所占的比重及其影响。

高先生的中国传统乐曲改编曲包括民乐重奏《小胡笳》（1990）、琵琶与管弦乐队《月儿高》（1991）、琵琶与管弦乐队《春江花月夜》（1991）、筝与民族管弦乐队《浪淘沙》（1992）、筝与弦乐队《胡笳十八拍》（1993）、琵琶与打击乐《飞花点翠》（1993）、琵琶与弦乐队《高山流水》（1994）、民族拉弦乐队《听松》（1996）、琵琶与民族拉弦乐队《塞上曲》（1999）、民族管弦乐《梅花操》（2004）、民族管弦乐《潇湘水云》（2005）、独唱与室内乐《阳关三叠》（独唱可以换其他乐器）（2013）等，其中的部分作品还有不同编制的版本。

改编是音乐创作中一个非常重要的领域。中国传统器乐曲多为独奏作品，将原作予以不同编制的重新编配，既要符合原作的风格与意境，又要在尊重原作的基础上，将传统乐曲的精华与现代观念和审美相结合，通过作曲家的艺术加工与再创造加深原作的内涵、丰富原作的音乐表现力，对原作的艺术性予以综合提升，对作曲家博古通今的综合修养是严峻的考验。

关于改编曲，高先生认为：

改编音乐是一种严肃的再创造，同样需要高度的作曲技巧、想象力与创造性。优秀的改编曲有时甚至可以是对原作在艺术上的提升而超越原作成为不朽经典。

对民间音乐、传统古乐或经典名作的改编，是扩展音乐文化传播的重要手段，是继承传统，发扬传统，推陈出新，古为今用的极有意义的一项工作。[3]

对中国传统乐曲的改编最重要的前提是要忠实于原作，高先生形象地将改编比喻为对原作的“戴帽、加靴、穿衣和化妆”。“戴帽”即在作品开始添加引子；“加靴”是在作品的结尾添加尾声；“穿衣和化妆”指在乐曲的进行过程中，以原作为基础配以适当的和声、复调或背景织体、节奏的烘托，通过多种技术手段加强音乐的表现力和感染力。

高先生对中国传统乐曲的改编通常是受委约的命题创作。有时根据乐曲或演奏者的要求，对原作要精准到一拍不差。如为潮州筝大师杨秀明改编的筝与弦乐队《胡笳十八拍》，由于杨秀明演奏时根本不看谱子，为他演奏的乐曲进行编配不仅要尊重原作，更要尊重演奏者的演奏习惯，否则独奏和乐队就合不上。同样，对于在流传过程中相对固定的演奏版本，作曲家也是在忠于原作基础上改编的。

但对于古琴曲的改编就会遇到版本的问题。原作经常会有多种传谱，而且完整结构会显得有些冗长。如在对古琴曲《潇湘水云》改编时，高先生对不同版本的琴谱进行了综合，并对原曲的结构予以必要的删减，使改编之后的新作更为精炼、紧凑。再如古曲《胡笳十八拍》现有两种传谱，一是明代《琴适》中配有歌词的琴歌，二是清初《澄鉴堂琴谱》中所记载的独奏曲，尤以《五知斋琴谱》中的记谱最具代表性，两种不同的传谱均有十八段[4]。高先生为箫、琵琶、筝、打击乐编写的民乐四重奏《小胡笳》，巧妙地将这两个版本进行了综合，并将原作中的十八段删减为起承转合四个部分，使乐曲获得了崭新的面貌。

而在对福建南音《梅花操》进行改编时，作曲家又遇到了新的问题。由于中国传统乐曲具有“死谱活奏”的特点，曲谱有时只有比较粗糙的骨干音，和实际音响之间经常有很大出入。因此，作曲家在对《梅花操》进行改编时，需要先根据录音对原谱进行记录、修订，加大了编配的难度。

对中国传统乐曲的改编需要通过作曲家的再创造加深对作品的理解，获得超越原作的艺术效果。如琵琶曲《塞上曲》描写的是王昭君对故国的思念及对现实处境的垂泪叹息，刘德海的演奏版本共有“思春”“秋思”“滴泪”三段。作曲家在对这首作品进行改编时，应用了琵琶与民族拉弓弦乐队的编制，还特别加入了颤音琴和马林巴。在第三段“滴泪”中，伴随琵琶凄婉缠绵的诉说，不时地传来颤音琴和马林巴用十六分音符演奏的“叮叮咚咚”的音响，仿佛哭泣的泪滴，哀怨惆怅，牵动人心。

在《飞花点翠》中，为营造雪花映松柏、松柏傲雪的清高纯洁的意境，作曲家别出心裁地选择了琵琶与打击乐的编制。由琵琶演奏的主旋律在钢片琴、马林巴、颤音琴等打击乐器星星点点的音响烘托下，原作意图描绘的轻盈飘逸的雪花点缀在苍翠松柏上的场景形象逼真地展现在了听众眼前，生动而富有情趣，给人以无穷的回味和遐想，充满诗情画意。

阿炳的二胡独奏曲《听松》通过松涛借物咏怀，在赞颂英雄岳飞军威时也倾注了作者刚直不阿、坚定自信的意志品格和对人世沧桑的感慨。原作虽然只有一把胡琴，却足以表达南宋岳飞勇杀金兵的豪迈气魄。改编后，原曲开始时的单音同音反复被拉弦乐队用震音演奏的半音级进下行进行和纯五度叠置迅速弥散在整个乐队不同音域的高叠不协和和弦替代，配合由强渐弱再渐强渐弱的力度变化，像风声又像来自四面八方的呐喊声，具有威武的气势。原作的第二段也是全曲的中心段，可以说是旋律发展最为精彩的一段。中国传统音乐特有的承递式发展手法环环紧扣逐层向上推进，切分节奏配合速度的弹性变化

左起：高为杰、赵冬梅、李西安

在“挤压”中加强音乐发展的推动力，一气呵成。改编后，拉弦乐队由二胡声部在中音区开始，其他各声部随后以复调模仿的方式逐层叠加，仿佛浩浩荡荡的军队由远及近的步伐。而在第三段，拉弦乐队演奏的泛音和马林巴、颤音琴弱奏的震音形成背景，仿佛二胡滑奏向苍天大地发问时大自然的回声，生动逼真。由七八十人构成的拉弦乐队一起演奏的《听松》，气势恢宏，给人以强有力的震撼。

此外，高先生在对中国传统乐曲改编时所用的多声也都经过精心周密的设计。如为古曲改编的三重奏《阳关三叠》，作曲家巧妙地以主题的倒影作为乐曲引子，在主题第二次出现时，主题与倒影形成二声部的对位，将二位挚友的惜别之情表现得难舍难分。

在筝与弦乐队《胡笳十八拍》中，乐队与筝之间既有对独奏乐器的模仿、节奏性的烘托、时分时合的支声，又有作曲家以复调方式创作添加的对比声部。富有层次的乐队编配结合速度由慢至快的结构布局，完美诠释了中国传统音乐板式变奏中严谨的思维逻辑。

除了对中国传统乐曲的改编，高先生还为中国音乐学院附中的弹拨乐团改编了美国作曲家巴伯的《柔板》和新西兰作曲家杰克·波蒂的《五首摇篮曲》。

关于高先生的改编曲，在整体构思、宏观上的结构布局及细节上的技术处理等诸多方面还有许多具有学术价值的探索，值得进一步深入研究和探讨。

为人师表孕育桃李芬芳

老师对学生最大的影响莫过于言传身教。高先生是被大家公认的博学的令人尊敬的长者，不仅他的作品、文章、理论著作是音乐创作与作曲技术理论研究的教科书，他的品德、为人，对理论的钻研和严谨、认真、一丝不苟的敬业精神更是晚辈们学习的榜样！

大家经常赞誉高先生绝顶聪明。他博览群书，熟读乐谱，是我们很多人心中“活”的图书馆资料库。听音乐是他每天生活中不可缺少的内容，除了对古今中外的音乐无一不晓，他还精通哲学、美学、文学、绘画等其他艺术门类，广博的知识面、开阔的视野使他看问题总能高瞻远瞩。

在教学中，高先生对学生认真负责，是学生的良师益友，除了因材施教，还在严格训练的基础上，以开放、包容的教学理念鼓励引导每个学生发展自己的个性。我能在日后的曲式与作品分析教学工作中得心应手，得益于本科和硕士阶段在高先生班上打的基础。虽然硕士毕业后就没有再跟高先生继续学习，但能在老师身边工作使我幸运地成为高先生永久的学生。跟先生的学习可以是工作、生活中的方方面面、点点滴滴，除了遇到问题可以近水楼台，在各类讲座、研讨及各种学术活动中，还经常可以亲耳聆听到高先生使人顿开茅塞的精彩发言。我想高先生的每一个学生，可能都复印过高先生的乐谱。他的乐谱上经常会有对作品的非常详尽的分析，既是非常珍贵的资料，又提供了难得的学习机会。我从高先生那里学到的不仅是知识，更有对音乐、创作、技术理论研究、教学的理念，使我在工作中能够正确把握方向，少走了很多弯路。

高先生自1960年于四川音乐学院毕业并留校任教以来，在教学岗位上辛勤耕耘了近60载，为中国当代的音乐创作和作曲技术理论教学与研究培养了庞大的后备生力军。如今，耄耋之年的高先生依然战斗在教学一线，担任中国音乐学院作曲系本科、硕士、博士和博士后不同层次的教学工作。除此之外，他还是上海音乐学院博士生导师及博士后流动站联系教授，中央音乐学院音乐学研究所特聘研究项目主持，首都师范大学音乐学院博士生导师，四川音乐学院现代音乐研究中心特聘研究员，天津音乐学院荣誉教授，延边大学客座教授。在他的率领下，“高家军”的队伍日益壮大，除了瞿小松、陈远林、何训田、贾达群、朱世瑞、田刚、唐青石、卓芮士、沈纳蔺、崔文玉、陈丹布、赵冬梅、芮雪、崔权、朱琳、卢璐、吴军、黄美玲、吴非等，近年来又涌现出了王广宇、袁昊昱、朱赫、王丹红、贾瑶、李美佳、黄凯然等青年作曲家。

东汉文学家王逸在《楚辞章句》中对《楚辞·九章·怀沙》“非俊疑杰兮”注为“千人才为俊，一国高为杰也”。高先生没有辜负父母给他取名时寄予的厚望，如今，高为杰的名字已成为中国当代音乐享誉国内外的一面旗帜，除了在国内重要学术会议上能听到高先生精彩的主题发言外，他还被美国辛辛那提大学音乐学院聘为客席教授。作为具有国际影响的中国作曲家和音乐理论家，他先后应邀出访英国、美国、法国、荷兰、墨西哥、韩国、新西兰、新加坡等国家及中国的台湾、香港等地区，参加学术会议、音乐节，担任国际比赛评委、讲学、演出作品。

他的传略载入英国剑桥《国际音乐与音乐家名人词典》(第17版)等辞书。

“在古今中外、东西南北、雅俗文野、激进保守和乐内乐外之间的纵横驰骋，自由跨越。”“跨一步，万紫千红。”⑤

高先生所说的“跨步”是一种境界，一种追求。他在文中列举了巴赫、贝多芬、德彪西、巴托克、斯克里亚宾、马勒、格什温、约翰·凯奇、梅西安、武满彻、周文中、杰克·波蒂等作曲家的实例，在总结近百年来中国新音乐的发展与“跨步”之间的关系时，以萧友梅、赵元任、青主、黄自、冼星海、聂耳、刘天华、贺绿汀、马思聪、丁善德等作曲家为典范。实际上，这里还应该加上一个非常重要的名字，那就是提出“跨步”思想和理论的作曲家本人——高为杰。

衷心祝愿高先生能在实现“跨步”的征程中纵横驰骋，在万紫千红的色彩中实现自己的音乐梦想。

① 高为杰《情与理的博弈》，《中国音乐》2017年第4期。

② 引自高为杰、吴春福编著《曲式与作品分析基础》序言，人民音乐出版社2011年版。

③ 高为杰《关于音乐作品的改编》讲座PPT。

④《中国音乐词典》，人民音乐出版社1985年版，第159页。

⑤ 高为杰《跨一步万紫千红——兼谈继承传统的收敛式思维与发散式思维》，《乐府新声》2010年第4期。

赵冬梅

博士、中国音乐学院作曲系教授
博士生导师

老夫聊发少年狂
——音乐生活素描中的高为杰先生

不久前，高平约我为其父高为杰先生八十大寿庆生而撰文，大概是知道高先生在中国音乐学院二十多年的工作期间，我与先生过从甚密吧。虽欣然应允，却迟迟未敢动笔。与高先生二十几年的交往，共同经历的太多，要说的、想说的也太多，有点无从落笔的感觉。可年关已到交稿在即，只好以随笔把这些年来我与高先生过往的几个瞬间拼成几幅记忆的素描，讲讲我眼中的高先生吧。

与高先生的相识，要从一首《胡笳十八拍》说起。那是1992年早春的一个下午，恭王府东小院小平房，古筝大师杨秀明先生的临时“陋室”，杨先生为筹办古筝音乐会，托李西安先生邀高先生一起商量作品的乐队编配。那时的高先生，五十开外，非常健硕，烟不离手，一双冷静的眸子，谈吐率真，性情开朗。了解杨先生的人都知道，凡有客人到必以潮州工夫茶相待，我们的如期而至也少不了这番程序。杨先生视操琴为修身心，通常上手就是几十分钟，旁若无人。几杯茶后，我们进入主题，尽管知道我们的来意，他还是一口气奉上十多首大曲小调，从头板到三板、从单点到双催，那“不守规矩”行云流水般的演奏个性展露无遗，大家只得挤在小屋，静静地品着听着。闻香抚琴一静一动，那景象恰似伯牙子期图。高先生不时起身观望，不知是房间太小床边久坐不适，还是被杨先生的琴技所染。当《胡笳十八拍》一曲终了，高先生兴奋起来，因为这首《胡笳十八拍》开篇就在潮州弦诗乐的“重三轻六”调式上展开，其增四度不和谐音程让旋律一开始就呈现出不稳定且极具苍凉之感。高先生的兴奋点大概来自这个调式的独特性，当然，杨氏版《胡笳十八拍》的变奏前置主题后置的独特变奏体结构也是高先生所敏感的。高先生虽谦称“我不懂潮州音乐”，但交谈中，很快又露出了一个音乐学家的涵养与严谨，比如他曾问过“杨先生弹的这个版本是谁传谱”“最老的版本有没有文献”“杨先生的演奏方法是潮州筝传统演奏法吗”“不同的变奏章节有定谱吗”“其他潮州筝家是否熟悉这个版本”等。杨先生的回答很朴素：“此曲为徐涤生先生所传，不清楚是否是全本，应该不是，因为没有十八大套了，现在的演奏当然是我的心得。”高先生从中却捕捉到了另外的东西，他大为感叹：“这分明就是民间音乐的活态传承嘛，典型的‘移步不换形’。”当时，作为音乐会的组织者，我对高先生了解不多，只知道他从 20 世纪 70 年代末就开始力推四川音乐学院的现代音乐创作与教学，人称现代音乐“活字典”。请高先生出马，就是想用现代作曲技法赋予《胡笳十八拍》这样的传统作品新的声响。高先生明白我的意思，但没有急于回答，对其他几首作品的乐队配器的大致原则很快就确定下来了，只有这首作品高先生表示“再想想”。然而，最后完成的却是一群西洋弦乐在古典和声、织体包裹下的古筝的“大珠小珠落玉盘”。音乐会上，古筝与弦乐队的《胡笳十八拍》如泣如诉，令人动容。当时的感受就三个字——“太走心”。我也诧异，高先生不是很崇尚现代音乐吗，怎么最终还是选用最传统的技法图描乐队呢？高先生的回答很简单：“用什么手法不重要，重要的是能否恰当地诠释古筝的《胡笳十八拍》，不能干扰了杨先生本就自由自在的演奏。”时隔二十多年，这首作品虽因杨先生的离去而难以“复原”，但高先生对传统音乐再读解的审慎态度，尤其在把握传统音乐“变”的度上，给我留下了深刻印象。在我看来，既不能给从没跟交响乐队合作过的独奏家任何压力，又要给这部作品以协奏曲应有的表现力，既要丰富作品音响又要尽可能保持作品原貌，实则是一次艰难的再创作，这种不刻意标新立异的背后映射的是高先生对民间音乐传统的呵护。传统是具体的，没有潮州筝的传承，就没有杨先生独具个性的《胡笳十八拍》乐；传统又是抽象的，没有高先生对杨先生所代表的一代民间音乐家的尊重和认同，就没有新版《胡笳十八拍》的时代阐释。多年后，杨先生被评为国家级非物质文化遗产传承人，提及杨先生的古筝，人们谈论最多的还是这首《胡笳十八拍》。而我，从此也走进了高先生的音乐世界，在我的心目中，高先生已然是我的老师了。

再说“当代民族室内乐”课程一事。众所周知，自刘天华以后，中国器乐的教育开始了专业化进程，许多难登大雅之堂的民间乐器被纷纷设立专业，西学的热潮使中国乐器的演技突飞猛进。20世纪50年代末，以西方交响乐队为标本的大型民族管弦乐队兴起，使那些本来吹、拉、弹、打共处一声的中国乐器突然有了乐队声部的归属感，中国器乐艺术的“洋为中用”充斥在社会实践的每一个角落，甚至很多民间乐社都在忙着加大提琴，学府更不例外。这一大变革的好处是我们可以开始利用世界优秀音乐文化遗产来改良自身，他山之石可以攻玉嘛，当然，历史也无情地告诉了我们，借他山之石常常也是会损玉的。在这个百年的文化浪潮中，特别是近六十年中，我们可以清晰地发现中国器乐教学所呈现出的尴尬现象。一方面，学府的民乐老师大多来自民间，所谓“乡土之气”要面对新学体系的改造，忙着著书立传、立宗立派当属自然，长时间因专业建科以一件乐器为单位，又把原本同响一声的乐器弄得“老死不相往来”，大量民间音乐及其乐队形式长时间被搁置在音乐学院的课堂之外，传统丝竹、弦丝乐队作为中国音乐传统的重要形态和载体，被舶来的多声部乐队所取代。另一面，西方专业音乐教学尤其是重奏、室内乐等系统课程又没有被有机地引入，缺乏教材、缺乏传统固然是事实，还有原因种种，教学呈现的重个体轻群体、重西学轻本土的现象一直持续到20世纪90年代。

可能是我个人的学习经历，也可能是上述感受越来越强烈，让我有一种想改变现有课程结构、重新定义主科的冲动。1995年初，我向学院提出可否创建“当代民族室内乐”这门课程，其内容包含两个部分——民间乐种和当代室内乐。我很幸运，提交报告后便得到了高先生等老一辈学术委员会成员的一致认可。高先生为这个课程的背书有过这样一段话：“这是在补课，为几十年来我们民族音乐教育课程的缺失在补课，在补乐队发展的课。”是啊，现在想来，一个“补”字道出的是高先生对整体民族音乐教育的深层思考，在求新的路上，我们该如何面对传统，包括西方音乐的传统？“补课”的意识很长时间以来在影响着我的教学，也可以说是开设这门课的一个学术支点，我自己何尝不需要再补呢？！高先生的鼎力着实给了我很大信心。民间乐种尚有不少乐谱文献，现代室内乐就必须依靠作曲家了，那时的民乐系与作曲系很少有教学来往，高先生明了其中原因，也知道新课开设的难点，便动员同事和他的学生为教材写作，先生自己的新作《韶Ⅰ》《韶Ⅱ》就是当时为数不多的教材之一。后来许多年里，为室内乐课叨扰了多少次高先生，我已经记不清了，只记得我有求他必应。多年后，高先生时常会玩笑道：“很多作品的创作都是因为你出的题目才完成的，我合作的指挥里数你次数最多。”听到这话总觉惭愧，我哪敢出题呀，不过是希望当代音乐实践与课程需求联系得紧密一些，让学生们有机会跨专业理解乐队文化。

记得开课初期，高先生已经把自己可作教材的作品倾囊相授，加上其他老师、作曲系学生的作品，依然满足不了课程的需求，而这门课本身又具有实践的多重性。我时常会就课上发现或思考的许多问题与高先生交流，比如如何解决现有弹拨乐缺乏融合度的问题，怎么补充弦乐器凡遇高音音量自然衰减的问题，通过怎样的训练方法解决因律制不同音准难以控制的问题，如何化演奏弱势为优势，不同乐器组合如何做到声音的平衡，如何解决同族乐器因演奏法各异而产生的声音抵消，有风格与无风格多声部训练的方法等，结果总是高先生带着问题去帮我找作品，巴伯《柔板》的第一个改编版本就是这样出炉的。每一个小小的新音响浮现，一个小小的训练成果的出现都会令我们兴奋许久，在那段时间里，高先生的每一次出手都可谓雪中送炭。十年间，因我教授的室内乐课和大合奏课的需要，高先生创作的《乐队协奏曲》、弹拨乐《和风曲》，改编的南音《梅花操》、室内乐和大乐队两个版本的《潇湘水云》、佛乐《晨钟暮鼓》、琵琶与弓弦乐《塞上曲》、弓弦乐《听松》等作品都成了经典教材。这些作品的出炉以及由其引出的故事太多，我实在难以场景化的描述，只想说，读解这些作品的过程，也是我渐渐领略先生治学的过程，在此，我就与大家分享一下我的感受吧，概括起来就是：应该把中国当代民族音乐置于世界音乐环境求发展，寻根是为壮大今天的自己，课程建设是教学的核心与纽带，保守与创新皆是手段，让传承本身能够传承下去，用作品留下更多当代人的思索，为学生提供更多有形的参照，让优秀的传统不再在“发展”的语境下被冷落。

二十多年过去了，这门课程的开设虽曲曲折折，至今尚待完善，本人也因各种原因现暂不教授这门课程了，回想当年，面对课程体系改革观念上的冲突、教材的缺乏、各专业相对封闭、组织系统不完善等困难，再看看现实中的每一个专业正蓬勃发展的室内乐实践，各专业各系口开放门户，大批室内乐新创作品的涌现，我想高先生的感受和我应该是同样的，我们共同经历的这些变化令人欣慰。中国音乐学院在民族室内乐的课程建设上毕竟跨出了重要一步。我庆幸有这样一位忘年交的长辈在我教学生涯中的陪伴，人常说“家中有老便是宝”，高先生对我来说就是宝。

三说中国少年民族乐团近二十年的建设。1997 年底，时任中国音乐学院附中校长的沈诚先生上任一年多，面对当时低迷的附中民族器乐教学和课程覆盖不均衡等状况，找我商议附中民乐学科的课改，可能是他也曾深度参与了大学室内乐课教学的缘故，我们不约而同地想到了许多问题，中国音乐学院是为中国民族音乐教育而创办的，附中自然要遵循这一教育传统和发展方向，在这个大原则下，达成共识就很容易了。其中，重要举措便是加大附中合奏课的改革和适时的教材建设。面对中等职业教育中学生以考大学为第一要务的基本环境，如何在不占用更多课时的情况下加大乐队实践的量，让学生获得更全面的专业训练，拓展学生对民族音乐的兴趣，进而让课堂紧贴时代脉搏，真正实施素质教育、因材施教是当时课改的重点与难点。

教材，还是教材，或许是因为之前大学的室内乐课，让我们同时想到了高先生。工作的惯性亦如生活。记得第一次工作会是在寒舍，邀请了包括高先生、刘德海先生在内的十几位志同道合者畅谈，大家你一言我一语，拿各自的学术经验真诚地碰撞着，高先生依然强调的是“补课”，并就如何建立多种形式的民族乐队、与之相适应的课程训练及教材的编创，提出了一系列建设性意见，大意是：要正视民族管弦乐队发展中的诸多问题，将新型乐队实践与课程实践有机结合，要发挥学校的学术优势，要针对附中学生的年龄特点，要将世界优秀音乐遗产尽可能多地融入教材中。无巧不成书，沈校长在他上任之初，就将弦乐、弹拨乐、吹打乐分成了三种编制的乐队，主要为解决课程覆盖不均衡矛盾，也就是原有民族管弦乐队编制无法满足所有专业的所有学生的上课问题，此举恰好提供给大家一个关于对现行民族管弦乐队的结构的学术话题。我们的民族大乐队在乐器配置方面，较之于西方交响乐队三百多年的筛淘，可谓一蹴而就，声部间不平衡、泛音列震动不充分、缺乏融合音色的乐器等问题尤为突出，按照高先生所形容的“如果以交响乐队为参照，交响乐队已有十八般武艺，我们的民族乐队还差几般”？从解构现有乐队开始是个很直接的办法。这一“解”就解出了附中的少年弓弦乐团和少年弹拨乐团。1999年附中出版了两张CD印证了当年的实践，曾参与其中的学生们至今还津津乐道。高先生为这两张CD创编了两首作品，一首改编自美国作曲家巴伯的《柔板》，主要针对的是弹拨乐团的歌唱性训练，一首则将阿炳的独奏曲《听松》创编成弓弦乐团演奏的版本，针对的是弦乐器平衡与张力的训练。顺便说一句，这些教材的创编，对高先生和那些参与的作曲家酬劳微薄，但这些作品在这二十年间，让一批批少年才俊在获得了良好的专业实践和熏陶的同时，音乐的心性大开，事实上，不仅学生受益，附中的老师们也因参与其中而收获良多。整体实践的价值也表现在这些作品的大部分已被其他音乐院校的教学所采用，而且还是国内外各大院团的常演作品，参与创作的青年作曲家大多因其作品的广为流传而扬名四方。可以说，没有高先生的垂范，及其所信任的团队为中国音乐学院附中课程及乐队建设的不断探索和努力，就没有中国少年民族乐团这近二十年的显著成果，每每回想这段老少同心的时光，看着一届届学生能带着自豪与荣耀离开附中，总是由衷地欣慰，所谓办学不过如此。

最后想谈的自然离不开紫禁城室内乐团。2008年夏秋，一群中国音乐学院的教师带着几十年教学中的诸多困惑与思考，开始组建这个乐团，召集人是杨靖教授。最初的想法非常单纯，距室内乐课开设十多年后，几乎所有参与乐团工作的老师在教学上都有了室内乐需求，教师们的共同实践可以用来充实那时依然薄弱的室内乐课堂，成果可转换成教材。当然，也因为大家的共同理想，那就是中国器乐艺术要想真正影响世界，其表达能力与方式不仅能说好“中国话”，更应该有能力包容世界各民族的情感表达，要在实践中去发现、充实中国乐器还没有展现出的表现力和感染力。乐团的组建，客观上也能使老师不致因教学的繁重而脱离舞台，更重要的是，可以大胆尝试纯学术意义上的当代民族音乐的多重实践。我曾在乐团成立会上说过“这个乐团不拒绝任何风格”，大概也源于高先生对我的影响。目的单纯，目标格外清晰，在一手捡拾传统一手把握当代的进程中，涉及乐团作品创作，高先生自然又成了我们的良师益友。乐团初创时，对其现实要务和可能的发展前景已有过几次深入的交谈，比如“当代民族室内乐团的基础建制”“民族室内乐团的声音构造与声部平衡”“传统民间音乐的现代阐释”“当代语境下的各乐器演奏技法的多声部融合”“新音响与表现力的可变性研究”“中国乐器的世界话语表达”等都曾是我们谈论最多的话题。乐团的命名就源于交谈中高先生简明的几句话，记得高先生说“名字嘛不过是个符号，就是让人很快能记住你，不是吗？！乐团的成员大多是中国音乐学院的，中国音乐学院又在北京，而北京最具代表性的符号不过长城和紫禁城了，长城绵延万里，紫禁城可就只有北京有，我看就叫紫禁城室内

刘顺与高为杰

乐团就很好，有中国特色又有地方属性”。是啊，人们都说“建筑是凝固的音乐”，紫禁城乃中国建筑之集大成，这三个字在符号学意义上其文化价值不言而喻，可见高先生对符号学原理的运用得心应手。念其号、感其讯息、思其意义，乐团的名字就这么被确定下来了。有趣的是乐团所到之处尤其到了国外，总有人会问及“为什么你们的乐团要叫这个名字”？足见这个名字的符号价值还是很明显的，至于为什么名字中没有惯常的“民族”二字定语，而只是沿用了世界通用的“室内乐”概念，这其中包含对中国音乐文化价值评价的一个深刻话语，暂不在此展开了，我要感谢高先生，没有他的一席话，乐团的名字就没有这么响亮。更让我感动和难忘的是，年逾古稀的高先生对乐团所有成员的业务需求视为己出，作品《风声》便是高先生应用自己多年研究的作曲新技法“非八度周期循环人工音阶”而专为乐团而作，该作品不仅在演奏技术方面提出挑战，也考验了乐团诠释现代作品能否不失中国器乐个性。这里还必须说的是紫禁城室内乐团起步阶段另一个重要事件，当我们试图以“跨文化”概念提出与域外作曲家群体合作时，高先生即刻帮我们联系了新西兰著名作曲家杰克·波蒂先生，杰克先生是高先生几十年的老朋友，对中国民族音乐的热爱和他伟大的人格魅力在当代中国作曲界有口皆碑，当高先生阐明了乐团的合作意愿，杰克先生欣然接受了邀请，尽管那时杰克先生已身患绝症。在两位老友的通力合作下，双方的作曲家围绕着中国传统文化题材和两种不同编制的室内乐团，展开了充满包容和想象力的创作，杰克先生一连奉献了两首作品，以庄子的《天运》为题材的《帝曰》和一首用他自己在20世纪80年代来中国采风的民间音乐素材而作的《da打》，乐团已出版的CD《天运》中，杰克先生亲自朗诵的译本《天运》记录了那段珍贵的历史。而当参与创作的两国作曲家大力张扬各自现代技法时，高先生却创作了一首回归传统的《元曲小唱（三首）》，按高先生自己的话：我为音乐会奉献的是一碟“小菜”。这盘“小菜”恰成了整场音乐会的点睛之笔。我从一个侧面理解高先生对“现代音乐”创作的基本态度，即“一切法皆为我用”。

还有件小事不能不提，杰克先生第一次邀请紫禁城室内乐团参加奥克兰艺术节时，本应提供一首自己的原创作品，但因杰克先生病重没能如期完成，高先生知晓原因后，便将杰克先生早期的一部合唱套曲《五首摇篮曲》改编成弹拨乐五重奏，以此弥补紫禁城室内乐团第一次新西兰之行的缺憾，杰克先生事前并不清楚高先生为其所做的，当紫禁城室内乐团在艺术节上用中国弹拨乐独特的“点”与“线”勾勒出这部《五首摇篮曲》，面对高先生和紫禁城室内乐团的音乐家们精心准备的这份“礼物”时，杰克先生的眼角泛起了泪珠。在其后的酒会上杰克先生风趣地说“这首作品是我们两个人创作的”。这版《五首摇篮曲》作为他们友谊的结晶被永久的收藏在了《风声》这盘CD中。正是因为两位挚友的心灵相通，才成就了紫禁城室内乐团与新西兰音乐家们长达三年的合作。当所有作品在新西兰国家艺术节舞台上赢得所有观众起立鼓掌时，两位作曲家会心地笑了，饱含了三十多年情谊的这一笑，也饱含了对中国音乐的期望。正是这次不同文化背景下的音乐家们的碰撞，拉开了紫禁城室内乐团其后一系列的国际合作。

在这个过程中，高先生不仅奉献着自己的智慧，也奉献着自己的热诚与精力，如果还能说回报，那就是紫禁城室内乐团的所有成员对高先生的感念之情，以及为我们共同的价值诉求，紫禁城室内乐团还在坚守着。对我而言，从《胡笳十八拍》到《元曲小唱（三首）》，我能品到的是高先生对中国音乐的一份赤子情怀，不论是创作还是教学，高先生一贯秉持的是“六经注我”“我注六经”的学术精神与时代担当。

时至今日，已耄耋之年的高先生仍不改初衷，可谓无乐不喜、无乐不狂。我愿高先生下一个二十年为中国当代音乐、为紫禁城室内乐团多出新作，让音乐把我们系结得更紧密。

刘顺

指挥家

中国音乐学院教授

紫禁城室内乐团艺术总监

高为杰·教师、作曲家与先驱者

——数十年音乐变迁的重要见证者，跨文化之桥的筑建者

高为杰以为我俩的第一次见面是在成都。而我翻看了我的备忘录，其实是在1990年的北京，那时他已从四川迁至北京。如今算下来我们的相识已近三十年之久——久得足够让每个人都不得不被记忆捉弄！

回忆与时间的流逝在高为杰的音乐中以及在他对生活的诗意感悟中扮演了一个重要的角色。此外梦与幻想亦是不可忽略的两点。事实上在他的大多数作品中，其标题总含有“梦”这一字眼，如作品《别梦》《玄梦》《缘梦》《远梦》等，这几乎不由让人好奇，难道他真是一位根深蒂固的梦想家？而且真难以置信，高为杰今年将满八十大寿之龄！却仍在“梦想”，仍继续创作，就好像他才刚刚动身启程一般！

回忆起我与妻子第一次去拜访高为杰的场景，在北京的一间简朴寓所（上世纪末十年间他居住于此），那时的他正值盛年：黑发、亮眼，一副眼镜随着颈上垂落的细绳愉悦地摆动着。我还留有一张照片，画面中我们所有人都围坐桌前，那时的我和妻子看上去就好像两个青稚少年，高为杰那时也还未蓄须，身着一套家常的毛衣和衬衫。与他毗邻而坐的是他的夫人和女儿，我们对着镜头笑得异常开心。他的儿子高平——凭借自身能力，

Frank Kouwenhoven（高文厚）与高为杰

如今也是一位杰出的作曲家——当时却未在现场，因为那时他远在国外学习作曲。

如果再让我回忆第一次的会面，首先想到的是高为杰的家庭中所弥漫的既温暖又投契的氛围、和睦凝聚的感觉以及在面对中国新音乐快速发展与成功的——对于不少人来说，这确实始料未及——一种巨大的、共同的激动。但这本质上是一件值得高兴的事情，是一场历险的希望之兆，而对于我这样至少在当时初识中国音乐文化的外国青年而言，这也是与中国相遇所促成的一场更大的历险的一部分。

八十年代期间，中国突然而且稍有点难以置信地发现自己身处国际先锋音乐领域之中。青年作曲家们陆续探索西方先锋音乐，并且很快便迎头追赶。他们开始创作既具有中国传统也混合了当代西方音响的新作品，其新奇、独创而具有感染力的作品虏获了海内外的听众。他们中的许多艺术家迅速在国际上获得了声望，甚至个别人还享有着“中国贝多芬”之赞称。高为杰可谓直接地见证了这一发展的过程，而且在彼时正在蜕变的巨大文化转折点中，以其自己的方式扮演了一个独一无二的角色。他的角色就是一位作曲教师、作曲家以及满怀激情的倡议者。在他早先求学以及后来任教的四川音乐学院，高为杰的身边总是围聚着不少的青年才俊。大约在1980年左右，他发起并组建了一个非官方的学术团体，从诸如亨德米特、勋伯格和梅西安等作曲家开始，逐渐延展到成熟期序列主义，后至斯托克豪森等作曲家的当代实验音乐，他们自始至终在研究和学习。1985年之后，这个团体被命名为“作曲家创作探索会”。或许并未有人将高为杰比作“现代音乐之父”，但他委实称得上是中国新音乐的开创者之一。

也许没有哪位在世的中国作曲家能够像高为杰一样（罗忠镕先生除外），如此近距离地见证了自二战后中国音乐文化改革所发生的开创变化与惊人发展。没有什么再能恒久不变了，一切皆处于变迁的狂热境地中，新的文化样式所带来的激荡与当时涌动的社会实验以及大规模政治改革并驾齐驱。二十世纪四五十年代，相比起他们的先辈，生活在城市的中国作曲家开始用更加实质的方式去从事西方音乐，由此引领了一个文化变革、城市化、工业化以及政治实验的前所未有的时代。传统音乐——事实上中国的任何音乐类型——的面貌，从此都不复原样。

高为杰本身无疑就是这些变化发展中的一部分。他于1938年出生在一个上海家庭，其祖上来自苏州，他很早便对音乐有了兴趣，例如苏州评弹中的一些曲调和故事。在他孩童时期，电台里还能听到大量的评弹，这些故事往往要播送好几周才会完结，他为此着迷不已。苏州弹词中的曲调与语言后来很快就被改革了，风格也日渐体制化，其表演也被重新进行了改造。

其他的传统音乐风格也免不了如此，它们不再由艺术家本人指导的私人行会所运作，而是以政府领导的组织机构与正规学校等形式得以延续。这意味着，在某些方面传统音乐正逐渐快速地专业化，但同时也意味着大量的传统习俗、表演技巧或者某些特殊作品的大量佚失。当时中国的社会与文化在根基上正被重塑。在这样的背景下，让高为杰注意的自然不可能只是传统的评弹了。

高为杰的母亲在上海是一位活跃的京剧票友，她激发了她的儿子对中国戏曲——比如京剧、越剧，甚至话剧以及其他剧种——的兴趣。再者，高为杰的外祖父喜交好友，朋友中就有一帮知名的古琴演奏家，因此他小时候时常会登门拜访这些人，去聆听他们的演奏。总之，他与大量的传统音乐风格建立起了亲密的联系，这其中就包括民歌（日后他对民歌会更加地熟悉，尤其是他在四川音乐学院度过的那些青年时光里）。他见证了所有这些风格的改变：小的变化，亦有大的变迁。譬如传统乐器最新“改良”版本的发明，丝弦乐器到钢弦乐器的转变，大量音乐风格从茶馆场景到专业音乐场地的搬迁，在国家筹建的音乐学院和音乐部门中的专业音乐教育形式观念的兴起……

但是在这样一个社会与文化变幻的活力时代，高为杰不仅仅显露出了对中国传统曲调和风格的热爱。他从很早开始便懂得去欣赏其他的音乐世界。在上海时期，他时常流连于离家不远的国际教堂（基督教），在这里每周都会举办礼拜会，其间就包括了西方风格圣歌以及古典音乐表演。这是高为杰一生挚爱西方音乐的起点，这里谈到的西方音乐不仅是宗教化的声乐作品，也指的是世俗音乐和器乐作品。著名的上海音乐家如顾圣婴、李名强等当时常到这里参加活动。

后来，一位高中音乐老师常常邀请高为杰到家里听古典音乐唱片，这更是激发了他对音乐的浓厚兴趣。不仅如此，那时的上海也举办过许多场音乐会。高为杰告诉我，他常常有机会走进现场聆听，并“逐渐地痴迷上了音乐”。在当时的上海音乐学院，很长一段时间里，往往是来自苏联或德国犹太裔的音乐教师们向学生们授课，介绍西方音乐，而后来像黄自先生这样的中国作曲家们则追随了他们的步伐，进一步地促就了一种全新的、学术类型的创作音乐的形成——这样的音乐是基于西方的对位、和声、配器等原则，再糅合了中国的曲调、音韵，有些也采用中国本土乐器。而一部分中国作曲家也开始留学苏联或者西方国家。黄自就是这最初一批人中的一员（他早在二十年代末便留学美国），其后便是在法国学习的马思聪、冼星海和丁善德。而同样来自上海的谭小麟则在四十年代末成了亨德米特的高足。他们与西方音乐的接触以及教育的经历通常是短促的（有时不足几个月），但其影响却是无比深远的。

高为杰最早在四川音乐学院接受了正式的音乐训练，同别人一样，当时的训练也是主要倾向于西方古典音乐和俄罗斯浪漫派作曲家，但高为杰在作曲上最初的尝试也同样包含了政治上的内容。自中国与苏联紧密外交起，俄罗斯文化影响了整个时期。而当两个共产主义国家开始分道扬镳，双边外交纽带在五十年代末开始松散，之后的中国很快进入了“文化大革命”时期。

同许多别的作曲家一样，因为那个特殊时期，高为杰的作品目录也显出很长的空白。“文革”之前被列入的最后一部作品（或许就创作于“文革”之初）可以追溯到1966年，这是一部名为《英雄的传说》的弦乐四重奏。而十年动荡之后，他一系列作品中最早出现的则是一首独唱作品，其标题颇为与众不同，也具有同等的暴露意义：《赞美爱情》（1980），一个在以前几乎不可想象的标题。

同许多跟他一辈的作曲家一样，高为杰在一段时间内也有过所谓“集体”创作的经历——中国效仿苏联音乐的特色，立足于一种对多样的、共同合作项目的特殊赏识。事实上，高为杰在创作上的最初成功之一当属为中国民族管弦乐创作的作品《蜀宫夜宴》。这部作品是他与另外两位作曲家俞抒、朱舟共合作而成，写于1980年。其中体量最大的第二乐章，刻画出宫廷宴会场面以及精美的舞蹈，即出自高为杰之笔。

接下去，高为杰逐渐在他的创作中展现出更具当代的立场。80年代初，随着外国作曲家以及外国音乐开始流入，对当时重新开放的音乐学院造成了重大的影响，而高为杰从一开始便走在“先锋”的最前沿。但是一直要等到80年代，西方的先锋音乐才真正地走进中国的音乐世界。高为杰迅速开始去摸索由西方音乐启发的各种创新可能性。他专门为新音乐组建了研究的学术团体。其根本的想法是认为“文化大革命”以及其序幕期对文化与教育的忽略，太多时间被无谓地消耗了。这个团体的实用功能就在于对音乐的新动向进行补课。其活动都是在学院常规课程以外进行的，参与者无论师生，都是自发的。他们最主要的目的是为了拓宽学生的眼界，熟悉新的作曲语汇与技法。

其结果是，无论学生还是老师在这期间都深受启发。在1983年至1984年间，高为杰开始尝试以更当代的音乐风格来创作，而“作曲家创作探索会”则实际上成了中国第一个现代音乐团体。他们中的许多人——包括高为杰门下两位最广为人知的学生何训田、贾达群——后来皆袒露在这个团体中获益良多。先驱在前，后继者便接踵而至。音乐理论家彭志敏怀着强烈的理论兴趣，在武汉音乐学院创立了第二个现代音乐作曲家团体。

在中国新音乐的开拓发展中，高为杰占据了一个独特的、但也多少有些矛盾的位置。一方面，他首先把自己看作是一位作曲教师和倡导者。他把作曲家的位置归居第二。即便如此，高为杰依然创作了一系列让人印象深刻的作品，从管弦乐作品到协奏曲，从钢琴到室内乐，抑或从西方乐器到中国传统乐器的写作均有涉猎，其中相当一部分更是受到了来自国外的委约或者在国外首演，而且常常是由极为卓越的音乐家担任演奏，例如长笛演奏家皮耶－伊夫阿尔陶（Pierre-YvesArtaud）、荷兰室内乐团LOOS，又或在一些著名的音乐盛地进行演出，如纽约的茱莉亚音乐学院和林肯中心等。

他或许从未将自己想象成中国新音乐的“创始之父”之一，但与此同时他却教导了相当一部分年轻作曲家，他们后来各自都成了中国先锋音乐的领军人物，如何训田、贾达群以及瞿小松等。列举几位他的知名学生可能并不能说明什么实质的意义——某些老师其实很难对他们那些著名的“后生们”产生影响——但高为杰的情况却不相同，他的这些学生们的名字着实要紧，因为众所周知，他被普遍认为是一位善于激发学生的老师，也因为他明确地鼓励学生去独辟蹊径。

高为杰之所以能够从诸多教师同行中脱颖而出，也是在于他尤其强调个体性与个人选择。他给予学生完全的自由去追求他们各自的艺术目标、风格以及标准。尽管如此，抑或归功于此，有时在高为杰的一些学生中能够觉察出他的印记：如果在没有人强制的前提下，反而学生与其导师能够去共享某种语境，这或许实际上更为自然且有效！而反之亦可行：站在导师的角度，开放意味着老师也可从学生那里学到东西。在高为杰的竹笛协奏曲《别梦》（1991）中——可以说是他最为出色作品之一——似乎可以听到中国新音乐另一核心作品，即何训田早于5年创作的《天籁》的回声，同时这部作品也影响了何训田在成都时期的所有学生，想必他的老师们也不例外。

据悉因高为杰的建议，何训田为这部极具实验性的作品选用了《天籁》这个标题，取代原本“为七位演奏家之作”的标题。高为杰的《别梦》也唤起对野外自然山水的联想——广袤孤寂的茫茫大地，奇异的植被与物态蔓生。这并不是说，高为杰创作的这部或其他若干作品仅仅是音乐“风景画”，或者说用音乐形式讲述的风景物语。这部竹笛协奏曲其实表现出他对“文革”的个人内省，或许在这一层面可与王西麟的交响乐类比。“梦”这个字——被用于他如此多的作品标题中——并不仅仅与某个特定的梦境有关，而似乎是把梦看作一种进入生活深层本质的切实途径。成熟时期的瓦格纳在创作他的歌剧时，志在能够写出形而上的音乐，而高为杰透过迥异的语汇也试图在他自己的作品中达到同样的目的。同时，他的每一部作品的出发点相比瓦格纳戏剧中高高在上的神话要显出更多的谦逊和质朴：在高为杰作品的内核，听众或会找到蚀刻在古碑上的舞蹈场景，或一场童年往事、他母亲的记忆，或对一曲中国传统音乐的移译，或中国乐器与西方乐器之间的精神对话（好比他的作品《缘梦》，为笛子、长笛与管弦乐队而作）。这些都丝毫无损他的形上志趣，因为他已经成功地将其注入到他最佳的作品中。

在高为杰及其全部作品中，反差与矛盾依然以别的方式存在。同许多别的中国作曲家一样，高为杰的创作均受到中国传统音乐和西方音乐的影响。“你需要有一个创作态度”，高为杰说道。“一个无忌无畏的态度。就好比我曾经设计过一个人工音阶，并将它与中国传统音乐联系起来。我认为这是可能的，所以我试图去实现它！我常常以这样或那样的方式去尝试将西方与中国元素结合在一起。文化交流不应该等同于破坏，而是去寻找到彼此共同基底和新的可能性，其实最终它无非是接纳，以一种包容的形式而存在。最近几年，我写了好几部作品，再一次彻底回归到传统的道路。每个人都可以有好几种路数和技法。在我看来，在你选择的道路上，没有本质上的‘对’与‘错’。你只不过需要在某个具体时刻去考量你音乐中所需要的东西而已。”

高为杰是一位折中的作曲家。他有意识地在其作品中去运用不同的风格，而且主要将这些不同的风格及语言视为创作工具，直接地运用这些工具来表达他个人在特定时刻觉得需要表达的东西。借用西方的音乐技法与创作原则，对他来讲从来都不是问题。他指出这种借用现象有悠久的历史，在中国音乐中也显而易见，而中国从来就与其他国家进行着文化交流——如果没有文化交融，大唐盛况是难以想象的——20世纪以来，西方影响成了中国文化史中一个重要组成部分。“一些人认为这导致了中国自身文化的衰落。但我个人还是认为这是良好的发展，我们从西方还是学到了很多。想要绝对隔离地保护中国传统，我觉得不可能。甚至民间音乐家们如阿炳也曾受到过这样的影响。比如想想他的《听松》（高为杰演唱了一段他觉得是典型西方终止式的乐句）。”“但是我们就能因此说阿炳是一个‘西方’音乐家吗？当然不能。你也能在评弹的伴奏音型中听到它。这里显然存在着某些西方的印迹。或者想想抗日战争期间人们唱的那些歌曲。从黄自先生那个时代起，作曲家们已经将中国音乐语言与西方浪漫的音乐姿态和技法相结合。所以我们一直所做的，便是试图将西方元素与各种不同的风格结合，从而创造出新的东西。像赵元任、罗忠镕、朱践耳诸位先生，他们即是如此。甚至‘文化大革命’期间诞生的样板戏也展现出了不少西方的影响。历史无法逆行，但我认为中国没有一位以完全‘西方’风格创作的作曲家。他们总是或多或少都融合了中国的因素。或许现在对某一部作品还尚有争论，或许其西方影响较深或较浅，但总体上我觉得我们从文化交流层面获益颇丰，它至少开拓了人们的思想。”

国家或民族的印记决定作曲家的风格，这种概念对高为杰没有什么吸引力。“如果音乐的本质是由民族因素决定的话，那么一个民族的所有艺术不就大同小异了吗？这是不可能的，也趣味索然。有多种因素在发挥着作用，而作曲家的个性无疑是最为至关重要的因素。当然，人在处理与社会变迁之间的关系也非常关键——你所生活的时代之精神。而我也同意，作曲家们应当继承各自文化传统与表达方式。但是不可或缺的是开放的态度，我指的是探索与冒险的精神。传统与创新开拓，二者缺一不可。它们应当是相互包容的。”

高为杰不厌其烦地谈论着他自己的作品里中西方影响的比例：“我有小部分作品——或许可以这么说——还存有着百分之五六十的中国传统。而另一些作品也许只有百分之四五十。不同的作曲家，这种平衡或不相同，因人而异。有些作曲家可能在他们的音乐中更强调传统。”

无论后世将如何评价高为杰的创作成就，他绝不会因“单面性”而被诟病。在他的整个音乐生涯中，他既创作了浪漫风格也写就了风格更为现代的作品，既采用了非常传统的中国音乐语汇也吸纳了半音化的、相当复杂的先锋式音乐语言。不仅如此，他还改编了许多中国的传统乐曲，甚至还包括了对德彪西进行重新诠释：他的作品《缘梦》——为笛子、长笛和管弦乐队而作——就是一种迷人的、对德彪西的《牧神午后》的中国式批注，其中间或穿插了对德彪西音乐的引用，笛子与长笛彼此进行着让人着迷的旋律对话。高为杰对西方或中国的乐器创作都同样精通，而且常常将他的作品依据于不同的情形和实际操作的可能性进行移植改编。像许多其他的中国作曲家一样，他也十分热衷于为中国传统乐器创作，因为中国乐器的演奏家们通常会更积极地去演奏新的中国音乐；对比之下，精通西方乐器的中国音乐家们往往更愿意去演奏西方音乐的丰富文献。高为杰同样也喜爱创作西洋管弦乐曲，但他对此也感到些许畏惧，排练时间往往太有限而不能充分展露一部有难度的作品，很多交响乐作品常常在一次演奏后就被束之高阁了。反观室内乐则显得更容易获得演出机会：无须太多策划，便可再一次或多次重演。作为作曲家而言，电子音乐可以说是他唯一从未探索的领域，虽然他非常欣赏诸如路易吉·诺诺（Luigi Nono）或乔治·本杰明（George Benjamin）等作曲家们的电子音乐作品。

对于他认为自己哪部作品最出色这样的问题，他无法回答："我最出色的作品？还没有写出来叻！你知道，我不是一个专职的作曲家。我还是把自己首先视为一个作曲教师。我写过较弱的东西，也写过不错的东西。但'最出色的'……呃……"大概对大多数中国听众而言，最让高为杰广受赞誉的还是他那些更富有旋律起伏的作品，例如为高男高音与管弦乐队而作的精致的《元曲小唱（三首）》（2014）；又或者他那些优秀的传统音乐移译作品，例如为古筝与乐队而作的《浪淘沙》（1993）；再如他那部"德彪西协奏曲"《缘梦》。西方听众也会喜欢上述乐曲，但是他们恐怕会觉得像《路》《远梦》或者细腻而神秘的《岗拉美朵》这样的作品要更多一份挑战精神——最后这一部为单簧管、马林巴以及弦乐队而作的音乐有可能是他最高的成就之一。

“人们还是对新音乐有许多误解，而且我们现在的教学可能也太侧重于单方面了。尽管如此，我们有丰富的宝藏有待挖掘。我们需要去珍视自己的东西，同时还要一直保持一种对创新的开放精神。我们仍然需要创造性，保持创造的状态尤为重要。我们需要真正的内容，也需要充分的多样性！”在讲到比他年轻的一代作曲家的若干成就时，他是非常正面而积极的，并且乐于看到中国本土传统的历史意识在逐渐增长。“我们现在有各种各样的方式去处理我们的音乐遗产。这确实是一个非常好的发展景象。”当然他还是极力推崇不同文化之间的交流，以及跨越地区和国境，从许多其他的文化背景中寻找到创作的灵感。他引用了一句中国俗语：五花八门。在他看来，这就是最好的愿景了：更多样性、更多跨文化的交流、好奇心与开放，这些都是一个稳实的音乐未来所必须具备的完美品质。

这样一位年满八十的耄耋老人，他依然怀揣着丝毫未减的信心，眺望中国音乐的未来。并且，他仍然保留着一种意识，即用他谦和的方式，继续以创造者或精神导师的身份跻身于那些为中国音乐而奉献的行列之中。我们唯有翘首企盼他的下一部作品，并祝愿他今后一如既往地实现对青年人才的领引和热情支持的理想！

Frank Kouwenhoven　高文厚

荷兰籍音乐学家，专事研究中国音乐
欧洲中国音乐研究所《磬》（*CHIME*）杂志主编

翻译／刘鹏
首都师范大学音乐学院2015级作曲博士

修订、编辑／高平

苍波万顷孤岑矗

——中国作曲家高为杰印象

在中国学院派作曲家群体中，高为杰可谓众口皆碑德高望重，他被誉为“最具创新精神的作曲家和音乐理论家、音乐教育家”，一位集创作、教学、理论研究于一体的“学者型作曲家”，经常也有人称他作中国音乐界的“一本活字典”“一部百科全书”。

上海音乐出版社2012年推出我的首部专著《中国当代音乐家访谈录》，高教授欣然应邀为拙作写了篇序文，很多读者都特别喜欢。这让我原本的歉疚之心，既感欣悦又添沉重。全书共有50位音乐家50篇访谈文章，竟然没有高为杰！最先提出“强烈抗议”的不是别人，而是我的母亲，她老人家严肃、严厉地批评我，这本书因为缺了高为杰就少了本应有的分量。这句话让我后悔莫及羞愧难当。

我那些年任职《音乐周报》，面对面采写过数百位中外音乐家，怎么会单缺高为杰？对如此熟悉又崇拜敬爱的高教授，我曾有过多次采写报道，却没有一篇足够分量和质量的重头文章。我答应母亲，我欠高教授的这笔文账一定要清还。谁知总在疲于应对繁复稿约，一拖再拖又拖了五年，仲春完成采访，初秋且未落笔，汗颜、无颜……

那日偶见高家公子小高教授微信留言，希望我能“为高老爷子明年80大寿文集撰稿”，突然之间触动心弦，一种动力油然而生，终于获得开笔谋篇的最佳契机。唯愿本文能化作高为杰教授80华诞交响华章中的一串小小音符，高哦低吟一曲我和母亲心中祝福的歌。

一、人生道路的一个拐点

2017 年一个春日的午后，我如约步入高家。一杯香茗几缕轻烟，四目相对心领神会，“我那些事儿你都清楚得很，还用再说吗？”“用的用的，有些事儿就算清楚，有些事儿却不明白，还得请您细说从头。”“老龙门阵”摆出来今天听，那陈年旧事、昔日往事，便都成了故事趣事新鲜事，耐人寻味，使人意兴盎然。

“我家早先没有人搞音乐”，但这个家并不缺少听音乐的人。在“东方巴黎”上海栖居衡山路法租界的高家世子，从小耳朵里就被灌满了清歌雅韵评弹弦索、五音七声皮黄腔韵。少年高为杰从同学家借来的唱片，初识莫扎特、贝多芬，接触西方古典音乐。那时这条街十分幽静，马路两边法国梧桐繁枝茂叶浓荫蔽日。少年高为杰经常和同伴相约那间坐落在衡山路 53 号的基督教国际礼拜堂。神圣庄重、宁和典雅的哥特式建筑里，例行的音乐崇拜并非纯粹的宗教音乐，而是西方经典名曲荟萃。“那时，顾圣婴、李名强，还有老上海乐团首席等一批名家都在那演出。”美好的音乐记忆至今清晰如画，“我们进门不用花钱买票，只要穿戴干净整齐，安静坐下来听就好了。”

这个数理化全优生，曾有着怎样的学习经历？在南洋模范小学毕业后，本已顺利直升南洋模范中学，可是母亲不放心儿子孤身去往远在西南郊外的七宝“乡下”，于是让他就近转入上海交大文治中学。“虽然一直喜欢音乐，但还不至于陷入沉迷痴迷的程度，更没有想过自己将来会学专业音乐。”从喜欢听音乐到愿意写音乐，有一个人成了最为关键的推手。“他就是我的中学老师俞利生，曾在上海国立音专师从俄罗斯声乐艺术大师苏石林学习声乐，一个唱得很好的男中音。”俞家严父认为搞艺术都是不务正业，坚决反对儿子以歌唱为生，大家公子无奈屈从父命转读上海交大毕业后，在文治中学担任数学兼音乐教员。

“但他的兴趣和心思完全还在音乐上，他对我的一生都有影响。”在俞老师的代数课堂上，这个喜好音乐的学生受到特殊“待遇”，别

陈志音与高为杰

人必须完成五道题，他只需做好一道题。“你还是多花点儿时间精力去学音乐吧”，俞老师就是这样鼓励他的。少年高为杰很听俞老师的话，果然分出些时间和精力在音乐上，看书、做题、写东西。“写东西？那时您就写东西！”“写啊，写了很多东西。全是自己学着乱写的瞎写的声乐、器乐，还有交响乐。”哈！

在 1957 年徐汇区的高中毕业生里，上海交大文治中学的数理化全优生高为杰被直接保送入读清华。这个万里挑一的幸运儿却毅然放弃了全区仅有的三个名额之一、同龄人竞相争夺的宝贵机会。“实际上我从高二开始，已下决心要学音乐了。音乐，是我应该一生追求的目标。”

从理科转到艺术，这个弯拐得实在太急太大。校方、团委和班主任一直力图说服家长和孩子，上清华吧，那是多少人梦寐以求的大好前程。学音乐，你没有童子功啊，基础薄弱起步太晚，这条音乐之路，你能走得顺走得通？谁也不敢保证。“我心里其实也没底，但已经走火入魔迷上了音乐，一心只想走这条路。”读完《约翰·克利斯朵夫》就彻底崇拜作曲家，伟大的贝多芬那是高山仰止的偶像。正值高二下学期，如得天助福佑，一位迷路走错门的不速之客，又成了高为杰的引路贵人，“她就是上海音乐学院钢琴老师全庚华”。

那天全老师过来访友，误打误撞敲开了高家的门。高妈妈热情好客，一边让座端茶，一边闲话家常。听说是音乐学院的老师，便顺口说起自家读高中的儿子迷上了音乐，还瞎写了一堆东西。全老师当即要过纸笔写了条子。高为杰放学回家，看到这张写给上海音乐学院作曲系时任系主任邓尔敬教授的纸条，如获至宝大喜过望。第二天，高二男生揣着纸条、带着作品（如果可以称为作品的话）奔乌鲁木齐路上的邓家而去。

看了高为杰那些“全都是胡乱瞎写”的作品，邓老师可能感觉还有点儿意思吧，于是也写了张纸条，介绍一位刚毕业留校的青年助教赵升书老师给少年高为杰。要学作曲入门，从头开始学习和声，那是必须的。上海音乐学院本部其时还远在漕河泾，高为杰每周一课，需要坐很长一路公交车。有一次，他手心里捏着两角车钱，上车后却只顾想着和声习题解法出神，下车时被售票员一把拦住厉声呵斥，“她不肯相信我是真的忘记买票，坚持认为我是要故意逃票，怎么也辩解不清，非常狼狈困窘，呵呵”。已年届耄耋的老爷子，提起高中时代这件往事，笑逐颜开如稚童般单纯可爱。

在高为杰跟青年助教赵老师学习和声的那些日子，邓老师也会时不时关心关心这个男孩，“想写什么就写吧，如果有自己认为写得还不错的东西，可以拿过来让我看看”。那个阶段写的好东西，都交邓老师过目评点。从 1956 年春天到 1957 年春天，在高二下学期到高三毕业前，有一年多时间，这个普高男生进步还是蛮大的。已决定要报考音乐学院的高为杰，既然学了和声，键盘必不可少，同时也找了私教恶补钢琴。有时在母亲的朋友家，有时在学校音乐教室，有时在附近的幼儿园，练琴，练琴。那位金妮老师对付“白丁”自有一套教法，“那就是‘打急抓’嘛，七八个月时间，紧盯着莫扎特小奏鸣曲和练习曲，练吧”。

原本笃定要考上海音乐学院作曲系，怎么说也算沾点邓大教授系主任“再传弟子”的边。同样爱好音乐喜欢唱歌的高中同学顾履丰，要到了一份四川音乐学院的招生简章，要不就先去川音，练练兵、热热身、试试深浅？这个主意倒是不错，高为杰去报了名、填了表，预计五天考试，他刚考了三天，川音作曲系老主任刘文晋就正式通知，你不用再考了，我们已经研究决定，录取了。算起来刘教授当时不过也就三十六七岁，哪里就老呢。他和熊骥华老师专门跑到高家，做通母亲的思想工作。四川要比七宝乡下远太多了，但高为杰也不是个小孩子了。

听说高为杰考上了四川音乐学院作曲系，邓尔敬教授很高兴，“抗战时期我们很多人都去了四川，那可是个好地方，天府之国哟。你能考上川音也不错，好好去学吧”。

四川音乐学院1957年在上海招收了五名新生，其中作曲专业三个：高为杰、卢顺良、蔡惠光。钢琴专业两名女生，一个叫杨天琛，一个还没见面也见不着面了，上海大户人家的千金小姐，最后家里硬拦着没让去四川上学。那年月，从上海到成都的确相当遥远，要先坐火车到西安再转车到宝鸡。1957年的宝成铁路还未正式全线通车，只有南北两端接轨试运行。他们几经辗转来到成都，那时，学校大门口挂着大木牌：西南音专，1959年才改称四川音乐学院。

因为爱上了音乐，数理化全优生“拐”进了艺术学科；因为爱上了音乐，从北京的清华大学“拐”进了成都的西南音专。人生一“拐”，最终成就了一位享誉中外的杰出音乐家。

二、求知善学的一个落点

四川音乐学院地处西南腹地，那个地界似乎终年阴天多于晴日。

在1957年秋季入学的高为杰，一介白面书生谦谦君子，清爽洁净儒雅俊朗。走入美丽而陌生的校园，满目苍翠花草丛生，满耳琴歌弦索缭绕，小伙心里充满阳光。原来这也是个有历史的老校，著名音乐家郎毓秀、蔡绍序、王云阶、马革顺、许可经、俞鹏等都曾先后任教于音乐科。而作曲系老师也都很了不起，那时，高为杰特别崇拜来上海招收他的系主任刘文晋教授和熊冀华老师，还有黄虎威、章纯……“他们都是我的老师，教会我很多东西并让我受益终生。”

有部国产老电影《抓壮丁》，曾给如今六十岁以上的人留有特殊的记忆。全片主要角色王保长、李老栓、三嫂子等用四川方言说白对话，四川音乐学院作曲系章纯、刘文晋为该片谱写音乐。那一年，俞抒替章纯代课教高为杰作曲，“他不仅专业方面很得行，而且知识渊博善于解惑，他对我的影响特别深”。1960 年，留苏作曲家邹鲁回国，高为杰作为刚毕业的青年教师跟随邹老师继续进修，深得其苏俄乐派作曲技法真传。

1960 年高为杰三年学业结束，刘主任担心作曲系这个高才生从上海来想回上海去，万一到时候留不住跑掉了，岂不可惜？便留了个心眼想了个计策打了个埋伏，高为杰接到通知，提前毕业留校任教。7 月毕业，9 月排课。第一学期讲什么？时任副院长羊路由来找高为杰，要不你就开一门新课吧？“四川民歌”。“四川民歌”？一个上海籍男生，上来就教四川民歌，教什么？怎么教？22 岁的小高老师有点发懵，“当时感觉是这位院领导好像在给我出难题呀。后来慢慢体会、渐渐发现他肯定是有他的想法”。

老延安出身的老院长羊路由，原名黄怀清，“中国第一部广场秧歌剧”《兄妹开荒》的创作者。他是希望这个才华出众悟性超群的年轻人，通过“四川民歌”备课、讲课，熟悉喜爱四川民歌，从而把民族民间音乐的“根”扎得更深。高为杰想通了，原来老前辈不是在“出难题”而是用心良苦啊。他痛痛快快编选教材，认认真真准备教案。第一学期第一门课，“四川民歌”讲得头头是道引人入胜，讲台下还有高班的同学，一个个听得凝神专心津津有味。很快小高老师又接了附中的作曲课、曲式课，在川音作曲系成了刘文晋、熊冀华、章纯、俞抒等老师的亲密同事得力助手。

高为杰对器乐作品特别感兴趣，希望多深入了解一些乐队。但他从小没正规学过乐器，考音乐学院前只学了不到一年的钢琴。熊冀华经常为其提供便利，他在乐队的打击乐组跟着指挥家排练特别有收获。

那时作曲系老师的作品写得不错，章纯的《第一交响曲》、邹鲁的《第一狂想曲》、羊路由和熊骥华（执笔）的交响曲《浣溪沙》等，在当时都很有质量，基本也都是由学院乐队视奏首演。

国家三年困难时期过去后，经济逐渐好转，文化随之繁荣，接下来的三年间创作十分活跃，也出过不少好作品。可是到了1964年“三化”（革命化、民族化、群众化）开始了，学院的创作、教学基本全部停止。那段时期，大家天天泡在“民族民间音乐”里，听川剧艺术家陈书舫、周企何演唱折子戏，听曲艺艺术家邹忠新的金钱板、李月秋的四川清音、李德才的四川扬琴等。“实际对于我们个人来说，这种集中的‘补习’是一种必要的积累。应该说收获特别大。”照理说提出“三化”并没有错，误的是执行者走向极端“一锅烩”“一刀切”的做法。

今天来看，实际上1964年的“三化”就是1966年“文革”的前奏。时光荏苒岁月蹉跎，“十年浩劫”一开始，四川音乐学院高为杰首当其冲，第一个被戴上现行反革命的“帽子”抓出来关进去。整整十二年，这段往事不堪回首，欲哭无泪心在滴血。其间有段经历，老爷子打着哈哈当成趣事摆龙门阵：1973年，关在“牛棚”已失去自由和尊严的高为杰，竟然被“请”了出来重执教鞭。从招收一年制短训班、1974年首届三年制大专班，工农兵学员点名道姓要求校方让高为杰老师上课。他们说自己是带着红口袋来装知识的，在广阔天地革命熔炉练就红心，根本不怕中毒。

高老师给学员讲器乐作曲课，用革命样板戏片段或聂耳、星海作品举例，大家要求听贝多芬，还需写条子提申请，经学院“革委会”主任批准，听《第五交响曲“命运”》。高老师讲得好，学员们都服他。那时“革委会”还派了两位党员刘文晋和黄虎威“监督”他上课。“他们本来都是我的老师，后来也都成了同事。我没想到，黄虎威老师后来告诉我，他在‘监督’我上课时，学到我很多东西。”黄老师这一番老实话让高为杰心里忐忑又温暖。

前辈音乐家青主有首名曲：“我住长江头，君住长江尾……”长江上游的重庆罗家嗓音豁亮的女儿，长江下游的上海高家聪敏过人的儿子。在大西南的音乐摇篮中，作曲系尖子生高为杰和声乐系高才生罗良琏，一同做着青春美梦。“她人很开朗活泼却从不爱出风头。”这就是至今仍鲜活在高为杰记忆中的恋人形象。她的美目流转，她的美妙歌声，辣妹子引燃了大才子内心蛰伏的爱情之火。

从同窗到同事，他和她，双双毕业留校任教。1962 年那个仲夏之夜，在老系主任刘文晋家门廊下院坝头，一对璧人结为伉俪，举办了那个年代最浪漫、最甜美的一场婚礼。他们的爱情结晶、一双可爱的儿女先后诞生。罗老师不仅唤醒了高老师的爱情觉知，还激活了高老师的舌尖味觉。前十九年从不沾辣的阿拉上海人，天长日久入乡随俗。现在桌上摆个麻婆豆腐、夫妻肺片等三星辣，罗家女婿也跟着夫人下筷子，绝对不怵。

这对眷侣并未比同代人受到上苍更多的眷顾，甚至还遭遇过超乎常人的苦难，身心备受摧残。在生命中最黑暗的日子，他们并未丧失追求真理和光明的勇气与信心。音乐的无上崇高与美好，足以抗拒世间的所有卑劣与丑恶。音乐让他们滴血的伤口在春风吹拂万物复苏时，奇迹般地迅速愈合。他们在蛰伏的漫长岁月中储存积蓄的能量，倾然喷发。神圣的使命感让重获新生的音乐家才情焕发。

1978 年正式平反以后，高为杰恢复了正常的创作与教学，评上了讲师，在川音如鱼得水十分活跃。五年之后本该参评副教授，但他本人既未申报更没有填表，“因为好多比我资格老得多的包括青木关国立音乐院的前辈，邹家驹、雷识律、俞抒等都还不是副教授，我这个小字辈着什么急？”但那天晚上刘主任到家来送给他一张表，说评审委员会有人提议、大家附议，高为杰副教授职称评定，院级评审通过了。

在求学任教近三十年后，高为杰告别了四川音乐学院。“实际情况并不是我本人有意离开川音，另谋高就寻求发展。只因女儿的工作问题不能妥善解决，我不知道该上哪去？”偶然看《音乐周报》一则信息，浙江师范学院公开招聘，高为杰想过去谈谈看。这个消息很快传开，中央音乐学院、中国音乐学院、上海音乐学院、西安音乐学院等国内几大音乐学院纷纷表达诚邀意向。

罗忠镕教授闻风而动，很快写了一封长信诚挚力邀，“老先生在信里说，赶快来吧，一定要来！如果北京有人敢欺负你，我保证会帮你出头！呵呵”。面对多方邀请，高为杰别无选择。中国音乐学院下手最快，抢先办好一切手续，女儿终于有了正式编制工作。那还犹豫什么？举家北迁进了中国音乐学院，高为杰这才知道，这件事，从头到尾由时任院长情急之中顾不上请示而自作主张。

更好玩的是作曲系施万春教授，竟也自行做主“封”高为杰为副系主任。学院还嫌不够格，同时再兼任图书馆馆长，这就到了正处级。从来搞不清爽正处副处行政级别的高为杰，一切只是听从服从顺从。那天院里召集中层干部会议，他接到通知就去了，从党委书记面前走过，咦，这个人哪来的？怎么没见过？“黑”副系主任当了四五年，1994年正式户口晋京这才名正言顺。

从四川调来高为杰，李西安教授至今仍将此事当作其院长任期内做过最得意的几件事之一。高为杰调入该院以后，提升了作曲系的实力影响，同时也让中国音乐学院为之而荣耀倍增。

三、音乐创作的一个支点

高为杰一直享有“学者型作曲家”的美誉。他曾多次表述观点说，音乐这个东西很奇妙。它像“云”自由无常、变幻莫测；它也像“钟”严谨精密、井然有序。“云”为偶然的、感性的、不规则的、无秩序的、不可预期的；“钟”为必然的、理性的、有规则的、可以预测的。从哲学的角度来看，艺术和世界的万物一样，都是“云”和“钟”的对立统一。所以“作曲和其他艺术创造一样，可以概括为：自由无羁的想象，理智缜密的下笔”。音乐是相当抽象的艺术，它本身包含着乐内乐外两个层面，因此作曲就是乐内的自律与乐外的他律的结合。要做到乐外的他律想象与乐内的自律结构的完美结合，必须内外兼修功到自然成。他的作品，即是对这些感悟的能动有为自觉实践。

纵览高为杰的创作，大致分为四个阶段：1. 早期 20 世纪 60 年代的长笛与钢琴《春花之舞》、管弦乐《歌与舞》等；2. 中期七八十年代的《草地往事》《蜀宫夜宴》等；3. 后期九十年代的《秋野》《路》《白马印象》《韶》系列、《梦》系列等；4. 近期新世纪以来十多年的《雨思》《岗拉美朵》等。他的交响叙事诗《草地往事》（与唐青石合作），荣获全国第一届交响音乐创作二等奖。真正为他赢得更高声誉的大型民族管弦乐《蜀宫夜宴》（与朱泽民、俞抒合作），荣获全国第三届音乐创作评奖一等奖，这是四川全省历年获得的最高奖项。此后经年，他的钢琴曲《秋野》获全国钢琴作品比赛新作一等奖、入选 1988 年 ISCM 国际音乐节演出，民族室内乐《春夜洛城闻笛》获第 31 届亚太广播联盟年会奖，舞剧音乐《原野》获文化部音乐创作奖、入选第一届中国艺术节演出等。他的作品国内外上演、出版并获奖已不计其数，在同侪中国作曲家中从数量到质量首屈一指独树一帜。

2008 年 12 月 1 日高为杰作品音乐会在北京音乐厅上演，笔者曾写过一篇题为《突破禁忌胜于自新》的听后感。这是笔者对高老作品的唯一一篇现场乐评，在本文中引用观点与说法，权作一次必要的回顾与重温。

纪念改革开放 30 年中国音乐学院“民族音乐成果系列展演月”首场演出，高为杰是第一主角，一人十部作品集中一台演出，还是前所未有的创举，这场音乐会因此也具有一种特殊的感召力。那晚，金湘、王西麟、施万春、郭文景、瞿小松、何训田、贾达群、朱世锐、彭志敏、唐建平、陈丹布等中央、四川、武汉、天津、上海等全国兄弟音乐学院的作曲家，从院领导、系主任，到教授、博士，高为杰的学生、同事、朋友几乎“倾巢出动”拨冗莅临。最令人感动的是川音作曲系老系主任、87 岁的刘文晋教授专程赶赴北京，来为自己这位 70 岁的曾经的学生和同事捧场助威。

这场音乐会特邀高为杰的学生、四川交响乐团团长兼首席指挥唐青石与北京交响乐团合作，著名笛箫演奏家、教育家张维良，长笛演奏家尼古拉·道达·阿丹纳斯，作曲家、钢琴演奏家高平等领衔。

上半场主要为室内乐作品。北交四位首席联袂担纲弦乐四重奏《远讯》，该作创意奇妙新颖，高为杰将其电话号码后四位数转换成音级集合作为主要材料，象征电讯传送的各种信息，表达自己由远方音讯所引发的喜与忧等各种感应与期盼；作曲家之子，同为作曲家、钢琴家的高平担任钢琴独奏《秋野》《冬雪》，前者原为高为杰参加中国

何训田与高为杰

钢琴作品比赛而作，并获得首奖第一名，1988 年入选 ISCM 国际现代音乐节（香港）演出。《秋野》是作曲家以自创“十二音场集合技法”写成的，力求传统与现代融合，以现实“新印象主义”风格特征的代表之作，后者与之一脉相承。高平对其父音乐意图心领神会，技术优势也很突出，两部作品形貌清晰，意境高远。

高平与中央音乐学院天才青年小提琴家刘霄合作演出的《路》——小提琴与钢琴，曾荣获首届“金钟奖”。该作为自由奏鸣曲式，高为杰在音高体系上大胆尝试，采用其独创的非八度循环周期人工音阶，两位年轻人将“上下而求索”的精神内涵，演绎得恣意率性又法理合度。

《缘梦》——竹笛与长笛，中国音乐学院教授张维良与北交长笛声部首席尼古拉“互应相和”。法国印象派作曲家德彪西《牧神午后》与中国古典乐曲《春江花月夜》相互交织更迭，缠绵妙曼意趣盎然；《雨思》——中西混合室内乐，女高音和 7 件乐器（笛子、琵琶、筝，长笛、单簧管、大提琴、钢琴），这是 2001 中法文化年委约作品。“寂寞深闺，柔肠一寸愁千缕……”李清照词作为王佳妮演唱的歌词，大提琴独奏象征女主人公思念中的“亲人”形象，惟妙惟肖出入自由。作曲家自述，该作系纪念母亲去世10周年之作，哀婉忧伤深情感怀。

下半场主要为管弦乐作品。开始的《歌与舞》，竟然是作曲家“翻箱倒柜”拿出来的他学生时代的习作。音乐充满灵性与率性，洋溢着热情与纯真，无愧一篇青春风华的“笔记”；《日之思》是为现代舞蹈诗《日出》谱写的音乐，是作曲家20世纪80年代风格转型的发轫之作，表现了“被侮辱、被损害”的青年女性，在黑暗中的挣扎、抗争与幻灭，语言个性强烈而鲜明，视觉画面感与听觉冲击力有机结合，突出悲剧性。

北交中提琴声部首席李辉领衔中提琴与乐队《玄梦》，“玄”神秘而幽幻，又与琴弦的“弦”字谐音，寓意在琴弦上构筑的梦境，原为一首二胡曲，“因在国外演出难觅优秀的二胡演奏家，而改写中提琴独奏”。这位年轻的中提琴独奏者，技术娴熟但“玄”韵不足；此后，我们听到了作曲家从潮州筝曲获得灵感、为青少年创作的钢琴小协奏

2003年高为杰在法国里昂，于中法文化年演出《雨思》

曲《乡愁·童趣》，中央音乐学院附小学生陈好果一本正经小大人似的表现，赢得观众普遍喜爱。

最后的大轴，打击乐与管弦乐队的《远梦》，中国音乐学院青年教师王军站在锣、鼓、镲、木琴、钟琴等林林总总一大堆打击乐器之间，音乐虚幻、朦胧、幽远而清和、安谧、恬淡，“梦，并非现实，却是生命历程的凝缩与折射”。听完音乐会，人们最真实、最强烈的反应是感动。中国音乐学院“民族音乐成果展演月”之所以选择高为杰作品音乐会开启序幕，确有道理且深有含义。高为杰教学与创作成果斐然，同侪恐难以望其项背。他的专业成就与艺术造诣突出，堪为中国当代作曲家一个重要的代表人物。他的才华与人格形成的双重魅力，使其在作曲界享有崇高威望，在几代作曲家群体中数他人缘好。音乐会现场罕见的火爆，可谓中国作曲家一次喜庆节日般的Party。

通过一场音乐会的十部作品，可以清楚地看到，高为杰在艺术上勇于并擅于探索实践，从20世纪五六十年代到新世纪这近二十年，他始终坚持不懈孜孜以求。最难能可贵的是，从音乐语言、技术技法，到艺术理想、审美追求，力主独创、新创，他的作品超越前人、超越他人、超越自己，永远独具一格非同凡响。高为杰的音乐，严谨有序理性内省、精致讲究章法合度，在情感处理上十分节制。他曾说，很多深刻美好的音乐并不一定“悦耳动听”；而某些“悦耳动听”的音乐却未必有很高的审美价值。只要在观念上打破禁忌，普通音乐爱好者也不难去发现和享受二十世纪、二十一世纪美丽多彩的新音乐景观。

现在距离那场音乐会又过去了十年。高为杰教授持续不断仍有新作上演，带给人们新的艺术享受与审美体验。2015年，中国交响乐团演出“龙声华韵——高为杰作品专场音乐会”，《元曲小唱（三首）》第一次公开“初放啼声”着实令人耳目一新。将《折桂令·春情》（徐再思）、《红绣鞋·欢情》（贯云石）、《落梅风·蔷薇露》（马致远）三首同一朝代不同作者的文辞，谱成三首艺术歌曲再加上一首由古琴名曲《忆故人》演化而来的间奏曲，有如一个描写闺中女子爱情故事的三部曲：从初恋的相思痴情，到相恋的缠绵柔情，再到失恋的幽怨伤情，一咏三叹别有韵致。在作曲家的创作生涯中，这部作品又像一座新的里程碑，并再次证明，一位作曲家集艺术造诣、进取精神、创新意识、创造能力于一身，可以爆发出来的超常能量是多么惊人。

在中国音乐界，高为杰是同辈人中稀有罕见的堪与后辈小辈“现代、先锋、新潮”作曲家齐头并肩同领风骚的前辈作曲家。从理念观念到技术技法再到作品成果，他和他们基本同时跨越了这一大步。高为杰创作的题材、体裁涉猎极广，声乐和器乐包括中西乐器的独奏、重奏、协奏曲，室内乐与交响乐，繁杂丰富何其多也。他以个性化的审美诉求去兼容中西传统，从而使音乐的品相与品质得到发展深化，艺术的内涵与外延得以扩充升华。如此给人带来一种成功的启示，总能得到后辈新锐的高度认同与极大尊重。

四、传道授业的一个视点

高为杰经常自称“就是一个教书匠”，校内教学占用了他的大量时间和主要精力。同时他从不放弃理论研究，《和声力学研究》《曲式分析基础教程》《音级集合的配套》《论音阶的构成与分类编目》《音乐名作赏析》《20世纪音乐名著导读》等专著与论文百余篇相继面世，导引着作曲专业师生和音乐爱好者。

在20世纪七八十年代的川音青年学子中流传着一句话“学作曲要找高先生”，高先生门下聚集着大批有才华有追求的莘莘学子。高为杰在1983年创建的“作曲家创作探索会”，可以说是业界公认的中国现代音乐启蒙阶段里程碑的事件。“那时‘文革’结束百废俱兴，我希望学生能够开阔眼界，学习古典音乐以外更多的新内容新方法。”这个“小组”成员数高为杰年纪最大，虽已年逾不惑，但他仍如饥似渴地学习和研究现代音乐的创作理论和技法。

一本美国音乐理论家艾伦福特关于音级集合的原著成为他们打开西方现代音乐大门的“金钥匙”，最早学习研究并在创作中运用这本书中的技法的就是这个小组。“大家的英文当时都不过关，我们想了一个办法，把这本书拆开分成很多章节，每个人读一章，读懂了就和大家分享。我们就这样用集体的力量，很快把这些现代音乐的技法理论读懂共享了。”现在回想这段经历依然很愉快，在 20 多岁的年轻人中，高为杰 40 多岁等于是个孩子头。通过这样一个阶段，一起学习、互相交流，效果良佳。从此他学习和创作有了更新的意识与“装备”，通过尝试 12 音序列、音级集合理论、无调性的手法等，把学到的新技法融入各自的语言系统，探索创作上的转型。虽然武汉、天津、上海、北京也相继举办过现代音乐学术活动，但谁也无法否认，高为杰牵头的这个“小组”是国内最先的唯一的现代作曲学术社团。

在音乐创作、理论研究之外的教学主业上，高为杰可谓“桃李天下硕果累累”。他培养出的何训田、瞿小松、贾达群、朱世瑞、陈丹布、崔权、朱琳、贾悦、王丹红等一大批优秀学生，已成为国际国内最优秀、最活跃、最富影响力的作曲家。这位辛勤耕耘成果斐然的老园丁却躲在公众视线之外，藏于弟子荣誉光环之后，总是内敛低调不事张扬。

国内音乐学院 77、78 级这批作曲学生，如今大多也已年逾或年届花甲。在高为杰眼里的“年轻人”中，他特别偏爱天才而纯良的何训田，“早在八十年代初他的《达勃河随想曲》就和《蜀宫夜宴》在全

高为杰作品音乐会在北京音乐厅由北京交响乐团演奏，唐青石指挥（2008）

国齐获头奖了”。中央音乐学院作曲系77级，他更喜欢周龙的作品，因为他的“语言更朴实、技术更扎实”；在更年轻一辈学生中，王丹红让他青眼有加，“这也是个天分特别高又特别用功的学生，曾经每周从吉林坐火车到北京来跟我上课”。王丹红是她们班最优秀的一个，本科毕业保研名单里却没有她，“后来她去考了中央音乐学院，学得很不错”。高老师还特别提到朱琳，“她完全不会追逐名利，很本分很纯粹地写作音乐，在技术和艺术上很有追求也特别考究。朱琳比有些学生更学院派一些，已经得过很多奖了”。

早期的学生里，高为杰还特别欣赏唐青石，他的确看重天分出众的孩子。后来唐青石在指挥上也有很高的造诣，还将交响乐奋力引入大凉山。1983年入学的藏族学生昌英中，在高为杰心目中有着特殊的地位。“他是我在川音教的最后一班的学生，平时不哼不哈不爱讲话，心里却特别有东西。”昌英中1988年毕业留校任教，其作品曾获“中国广播奖”“五个一工程奖”“中国音乐金钟奖”，香港中乐团“21世纪国际作曲大赛”决赛入围奖、2015年第一届“西贝柳斯作曲二等奖”等荣誉。“我看重他欣赏他的作品，既有深厚丰富的音乐性，又有丰富的文化内涵。”

我们的思绪又闪回到十七年前那个冬季，2000年12月25日，一个完全由学生自发组织的庆典活动——纪念高为杰、罗良琏从事音乐教育40周年座谈会，引动该院和兄弟院校领导专家汇聚一堂，琵琶大师刘德海即席赋诗中言称“群贤毕至仙气来”。本家门徒发言踊跃，郭文景竟也激动地当众宣布，“虽然你们没有把我排在高老师门下，但我要借这个机会说，高老师也是我郭文景的老师！”他严肃声称“这绝不是一句逢场作戏的客套话，因为我和高老师的每一次接触都会学到新的东西”。1976年还是重庆市歌舞团乐队提琴手的郭文景，曾贸然将自己的习作寄给高为杰。高老师很快回了信，耐心批阅评点，热情予以鼓励。“我非常庆幸自己最初接触作曲领域，第一个遇到的是高老师。他让我最先认识的不是规则而是艺术、是艺术的思维，我因此终身受益。”1978年郭文景考入中央音乐学院作曲系，听了高老师一堂课记住了一个名词“和声调色板”，这对他一生的学习创作都有很深的影响。

2014年10月，四川音乐学院作曲系举办中国·成都第十届“阳光杯”学生新音乐作品音乐季，高为杰应邀莅临并作《在“转化”中创造》专题演讲。他说他非常喜欢这个词：转化。转就是转换、转移；化就是消化、同化。经历了20世纪的激进，21世纪所谓的后现代主义，更强调两个字：整合。整合也是转化，音乐创作应该更加个性化、多样化。高教授以其2012年的《冈拉美朵》、2013年的《元曲小唱（三首）》同在座师生交流创作心得。他认为创新不是空穴来风无中生有，艺术创作离不开传统，有了传统的调性才会有无调性、多调性。所谓“转化”并不抽象，他以自创“非八度音阶”序列，结构自己独特的语言系统。

“十二音场集合技法”“音级集合配套技法”“十二音定位和弦”等现代作曲技法等虽并非高为杰首创，但他从不生搬硬套，而以独具匠心的化合运用手段令人心悦诚服。他本人只认一笔账，“应该说‘非八度周期人工音阶’可以称得上是我别出心裁的‘发明专利’”。所有之前的任何音阶均以八度为周期循环，高为杰打破常规，而以非八度为周期循环进行创作。他认为“技术探索与创新并不等同于艺术创新，但毕竟是一个重要的组成部分”。

现在音乐学院作曲系的学生，人数比高为杰入学时可能已翻了十倍。“我不能把所有学生都按照一个模式培养成为从事专业的作曲人才。应根据个人的条件志向和社会的容量需要，做合理多元的灵活调整与结构配置。”在教授每一个学生基本作曲技法的同时，高为杰最注重因材施教量体裁衣，努力发掘学生的潜能，尽量发展学生的兴趣，引导学生在其擅长的领域有所作为，而绝不过分干涉年轻人的创作风格与审美取向。他对学生的态度是，无论今后从事专业作曲、理论研究、音乐教育还是基层普及工作都会鼓励支持，希望年轻人能够在各自选择的方向得到最好的发展，希望中国的青年作曲家能开创一个光辉灿烂的未来。

我们的话题自然引入其个人审美的体验与取向，通常提及的古典音乐伟大的“3B”（巴赫、贝多芬、勃拉姆斯），高为杰最喜欢勃拉姆斯；“我个人更愿说‘3+2’的‘5B’，巴托克、布里顿。其中布里顿我最佩服、最崇拜，他的纯音乐性带给人心灵非常强大的震撼力量”。还有一位布列兹，高为杰敬重这位法国序列音乐大师，“他确有独到之处过人之招，我学过也用过其‘绣花’一般精密细致的管弦乐队技法。但他的作品太过技术化而缺少情感内涵，所以不可能隔三岔五听上一盘”。2015年布列兹九十大寿出了作品全集，高为杰应唱片社委约撰写评介文章。2016年1月布列兹去世，“还是留下了可资评说的范本”。

谈到现代派，高为杰只用两字：颠覆。所谓激进派与保守派，无非按照历史发展的必然规律“轮流坐庄”。从积极意义上，“颠覆”能够克服文化的惰性，但如果过分追求技术性，又恐远离人性与情感。再谈后现代，高为杰只用两个字：修复。“修复并非倒退。我倒希望音乐界有一些‘狷狂之人’，勇于打破旧的规则方圆，善于建构新的法理秩序，再去创造各种全新的音乐，这是推动音乐艺术不断向前发展的力量。”

现在常提“回归”，高为杰认为是“一种文化良性正常运行的现象，也可以说是一种自然的规律”。但用“回归”这个词并不十分准确，用“回顾”或者“回望”也许更好。“因为我们并非要回到过去，我们仍要一路前行。但适时回望、回顾重新审视捡拾被我们有意无意丢失的好东西，岂不是非常必要？可以重获许多新的启发和理解，在新的条件下创造新的审美结构，新的技巧方法，新的语言，新的语境。”他强调，如果要说“回归”，根本的要旨是“要让音乐回归人性”。

高为杰教授谆谆告诫后辈：艺术创造的最高境界就是要创作出意料之外、情理之中的作品。因此他的作品都由两个“我”共同完成——一个是心醉神迷、耽于幻想的诗人，一个是一丝不苟、工于技术的匠人。一部作品“怎样说”往往比“说什么”更折磨人。他经常对学生说，艺术创作应由情感来启动，但情绪特别激动时会语无伦次。更何况作曲这种技术性很强的活动，再简单的音乐都要有理性的掌控，“我们不是用理性来扼杀感性，而是为了将情感表达得更加完美”。

所以，艺术创作是一个艰辛甚至痛苦的过程。“斯特拉文斯基一生三易其风，体现了一个艺术家不断进取的精神，值得我们学习”。

曾听很多作曲家谈高为杰，他的才华横溢才思敏捷、他的才艺丰沛才智练达、他的才识深广才学渊博，大才子的风采与锋芒，从年轻到年迈未见磨损衰减。高为杰个性特征就是生命不息探索不止，中西融通求新思变。一切带有“新”标识的东西，他都满怀强烈的好奇。正是这种已经保持了几十年、还将伴随余生的好奇心让高为杰常葆艺术青春。他的整个生命所呈现的积极状态，无不源自对“新”的超乎常人常理的敏锐感悟。无论是创作教学、理论研究，他的实践始终领先于潮流涌动兴起的前峰。

2016 年，高为杰应约“用比较新的手法”为新加坡华乐团写了一个《雨林奇景》。他认为艺术的手法本身并不是音乐，用手法写出表现情感内容成为作品以后才是音乐。他曾经的老师邹鲁之子也是他曾经的学生邹向平说，“这部新作编制很特别（为民族弹拨乐、打击乐与弦乐队）……采用了新颖的技术手法，其技术的新与人在雨林的逸情与激情混为一幅瑰丽的音画作品。”

2017 年夏天，高为杰最新创作了一部《思蜀——大提琴与钢琴》。这是因一篇为《蜀宫夜宴》创演 35 周年的纪念文章，而触发灵感激活灵性、引动乐思抒发感怀的“应运而生”的作品。有幸偶然先听而快者，欢欣鼓舞欢呼雀跃说，这是一部具有天然魔力的作品，“令人听了不得不喜欢，没有理由”。该作将于 12 月 1 日在美国辛辛那提世界首演。

回顾和记录高为杰的音乐人生，有着重要而特殊的意义。从个体辐射群体，可以聚焦观照中国现代音乐最近几十年发展的某些显著特征。从 1957 年到 2017 年，正好是高为杰从艺六十周年；2018 年春天，又将迎来高为杰八十华诞。谨以本文献上一份贺礼，表达对先生经年不衰的仰慕与崇敬。

陈志音

中国音乐评论学会理事、《音乐周报》原副总编辑

散 曲

路
小唱
风雪声
思孩提日
秋野春花舞

赵 曦（2018）

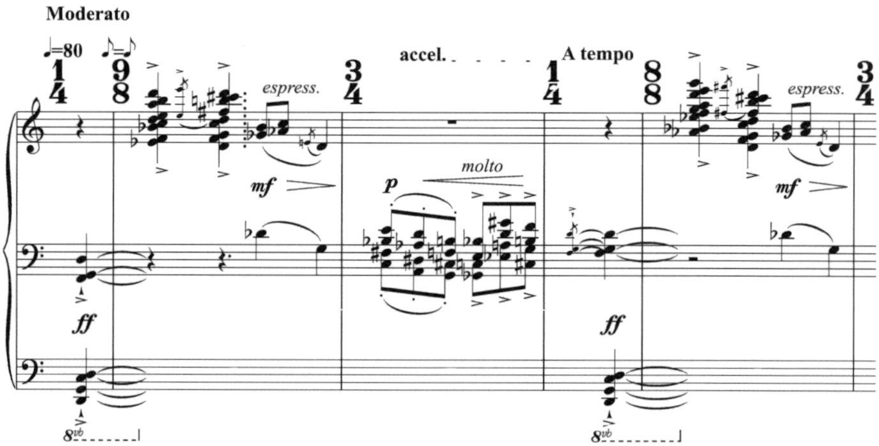

Più mosso
poco rit.
Meno mosso
10
f
mp
r.h.
p
Tempo primo
14
pp
marcato
mp
17
poco accel.
rall.
A tempo
mf
pp
19
p

rall.
Meno mosso
legatissimo
espress.
poco accel.
(♩=80)
poco rit.
Largo
poco rit.
Largo
(♩=80)
Adagio
legatissimo
espress.
sott voce
sott voce

accel.
ff
pp
Tempo primo
espress.
mf
ff sempre
accel.
A tempo
p
molto
espress.
poco rit.
mp
A tempo
A
rall.
pp

赵曦

作曲家

武汉音乐学院教授、作曲系主任